**Gebrauchsanweisung
für das Münchner Oktoberfest**

Bruno Jonas

Gebrauchsanweisung
für das Münchner Oktoberfest

Piper München Zürich

Mehr über unsere Autoren und Bücher:
www.piper.de

MIX
Papier aus verantwor-
tungsvollen Quellen
FSC® C083411

ISBN 978-3-492-27610-8
Ungekürzte Textausgabe 2011 der illustrierten Ausgabe von 2010
© Piper Verlag GmbH, München 2010 und 2011
Satz: le-tex publishing services GmbH, Leipzig
Druck und Bindung: CPI – Clausen & Bosse, Leck
Printed in Germany

Inhalt

Alles dreht sich

Beginnen wir mit dem Ende. Also um genau zu sein, mit meinem ganz persönlichen Ende. Es war der letzte Wiesntag. Letzte Gelegenheiten muss man nutzen, habe ich mir gesagt, und bin naus, weil mir eine innere Stimme gesagt hat, dass ich noch einmal naus muss auf die Wiesn, bevor sie vorbei ist. Man sagt in München, dass man »auf die Wiesn naus geht«. Das klingt komisch, weil die Theresienwiese mitten in der Stadt liegt. Aber kein Mensch würde sagen, dass er auf die Wiesn »nei«(= rein) muss. Nein, ein jeder muss naus. Und so war es auch bei mir.

Und schon war ich mittendrin in ihr. Die Wiesn hat mich aufgenommen wie eine Frau, die mich sehnsüchtig erwartet. Eine Riesengaudi habe ich gehabt, eine Stimmung, wie sie ausgelassener nicht hätte sein können. Ich war im Himmel der Bayern und hab gesungen mit einer Stimmkraft, die niemand bei mir vermutet hatte. Am wenigsten ich selber. *Who the fuck is Alice?*, habe ich aus vollem Hals geschrien, dass man meinen hätte können, ich möchte wirklich wissen, wer die Dame ist, die da *next door* wohnt. Selbstverständlich habe ich ein paar Maß getrunken. Sowieso. Meiner Erinnerung nach waren es vier. Es gibt aber Zeugen, die behaupten, es wären drei gewesen. Sehr glaubwürdig sind sie nicht, weil sie nämlich alle einen Dampf gehabt haben, dass es nicht mehr schön war. Ich auch, deshalb müssen es vier gewesen sein.

Grad schön war's. Und auf einmal passiert etwas völlig Unerwartetes. Ich schaue in die Runde an meinem Tisch und verkünde unvermittelt: »So, ich pack's jetzt!«

»Du packst es jetzt nicht!«, haben meine Spezln vehement widersprochen. »Du bleibst hocken, weil wir noch eine bestellen!«

»Aber so redet man mit mir nicht«, habe ich gesagt und bin aufgestanden. Und zwar gaaanz langsam, quasi in Zeitlupe, es war ein Akt der Selbstbeherrschung, wie ich ihn nur unter diesen Umständen praktizieren kann. Alle haben mich glasig angeschaut und mich für meine varietéreife Aufstehakrobatik bewundert. Es war beeindruckend. Wer in meinem Zustand noch so aufstehen kann, der hat Beifall verdient. Beinahe wäre ich nach vorne gekippt und mit dem Kopf an einem Maßkrug aufgeschlagen, weil ich das Übergewicht bekommen hatte, aber reaktionsschnell, wie ich noch war, konnte ich die Vorwärtsbewegung gerade noch abfangen und so eine Kopfverletzung vermeiden. Das war knapp. »Leck mich am Arsch«, habe ich gesagt, »hab ich einen Dampf.« Meine Freunde nickten begeistert und signalisierten ungeteilte Zustimmung. Ich habe kurz hell aufgelacht und geblasen wie ein Heißlüfter auf Stufe drei … und jetzt fehlen mir ein paar Minuten …

Irgendwie habe ich den Weg aus dem Himmel der Bayern herausgefunden und das Festgelände Richtung Taxistand hinter der Ruhmeshalle an der Bavaria verlassen. Ich habe eine Frau im Arm gehalten. Beziehungsweise sie mich. Da gibt es unterschiedliche Wahrnehmungen. Wir wandern also an den Bierleichen zu Füßen der Bavaria vorbei und spazieren hinauf auf den Hügel, bis wir oben angekommen sind. Ich bleib stehen und drehe mich noch einmal um, um zurückzuschauen. Ich lass den Blick über die Wiesn schweifen. Es geht mir wie nach einer langen Wanderung durchs Gebirge, wo ich von einem letzten Gipfel aus auf den zurückgelegten Weg blicke.

Und da erkenne ich die Grundform der Wiesn, das, was sie mir als Ganzes sagen will, das, was sie im Innersten zusammenhält: Alles dreht sich! Ich schaue auf das Riesenrad, wie es sich dreht. Und die Gondeln drehen sich wieder in sich. Das Kettenkarussell, das Teufelsrad, der Hurrican, eine einzige Kreisbewegung. Alles auf der Wiesn dreht sich, und ich mich mit ihr. Es ist der Kreis, ohne Anfang und ohne Ende, der sich ewig drehende Kreis, der die Wiesn auszeichnet. Es hört nie auf! Das Oktoberfest ist ein Sinnbild für die Ewigkeit!

Es ist eine runde Angelegenheit. Man muss es von oben gesehen haben. Steigen Sie ein in das Riesenrad und lassen sich langsam emporheben bis zum höchsten Punkt der Kreisbewegung, und genießen Sie den Blick über die Theresienwiese, und dann betrachten Sie die Geometrie des Geländes. Die Wiesn ist eine Scheibe. Und Sie müssen wahrscheinlich sofort an »Ihren« Homer denken und an den alten Hesiod. Oder auch nicht. Ich gebe zu, dass ich nicht sofort draufgekommen bin. Drauf gebracht hat mich der Sloterdijk. Im zweiten Band der *Sphären* versucht er, die Menschheitsgeschichte aus der Form der Globen herzuleiten. Eine direkte Wiesnanleitung ist es nicht gerade, als vorbereitende Lektüre für einen Oktoberfestbesuch ist die Abhandlung somit nicht geeignet, aber interessant sind seine Überlegungen schon. Und weil keiner, der die Grundstrukturen unseres Denkens freilegen will, an den alten Griechen vorbeikommt, ankert der Sloterdijk auch bei ihnen. Bei Sokrates, Platon, Aristoteles, beim Hesiod und beim Homer.

Die alten Griechen sahen die Erde als runde Scheibe. Ihr Weltbild hatte darum einen Rand. »Denn woran, wenn nicht an der hervorgehobenen Umfassungslinie, die das Äußerste markiert, soll der Betrachter erkennen, dass er tatsächlich ein Bild des Universums vor sich hat.« Bei diesem Satz aus den *Sphären* musste ich sofort an den Bavariaring denken, der die Wiesn umfasst und ihr Äußerstes markiert und sie zusammenhält wie der Eisenring das Holzfass. Es war eine Offenbarung! Die Wiesn an sich kann man schon als das Äußerste verstehen, und ohne eine scharfe Umfassungslinie kann dieses Äußerste nicht bestehen. Der Bavariaring hält die Wiesn zusammen und bildet eine Grenze hin zur Stadt. Jeder, der diese Grenze in Richtung Wiesn überschreitet, macht eine Grenzerfahrung von besonderer Qualität. Er betritt eine andere Welt.

Die alten Griechen hatten die Vorstellung, dass die Peripherie der Weltscheibe vom Okeanos umströmt wird. Damit meinten sie nicht einen Ozean, wie wir ihn uns heute vorstellen. Den Okeanos dachten sie sich als Rundstrom, der die Welt umfließt. Die Welt war durch einen Fluss gerahmt. Und beim Anblick des Bavariarings kam mir dieser Okeanos in den Sinn. Der Bavariaring ist ein ausgetrocknetes Flussbett und erfüllt im Weltbild der Wiesneinwohner die Funktion des umströmenden Flusses. Nur fließt kein Wasser, sondern Verkehr. Zwischen Wiesn und Stadt liegt der Verkehrsfluss.

Betrachten wir das Oktoberfest für einen Moment wie eine große Erzählung, die alle Bereiche des Daseins berührt, die zusammenbindet, was Welt und Menschenleben heißt: Liebe, Hass, Kampf, Tod, Krieg und Frieden, Glück und Unglück, Kasino und Gerechtigkeit. Solche Geschichten halt, an denen niemand vorbeikommt, weil das Schicksal waltet, grad wie es ihm gefällt.

Die großen Dichtungen Homers, die *Ilias* und die *Odyssee*, fesseln uns bis zum heutigen Tag, weil sie alle menschlichen Nöte und Freuden auf eine Weise formen, dass wir ehrfürchtig staunen müssen, wenn wir sie lesen. Ganz anders, aber von gleicher literarischer Größe sind die Abenteuer des Ritters von der traurigen Gestalt, Don Quichotte, und seines Dieners Sancho Pansa. Und Dante Alighieri hat uns mit der *Göttlichen Komödie* eine Dichtung geschenkt, die sich mit den vorgenannten auf einer Ebene befindet und noch weniger gelesen wird.

Was haben diese großen dichterischen Vermächtnisse mit dem Oktoberfest zu tun? Quichotte, Dante und Odysseus, spinnt der Beppi? Nein, der Beppi spinnt nicht. Die Wiesn lässt sich anschauen als bayerische *Ilias*. Sie ist ein einziges Wogen, ein Hin und Her, ein Kampf ums Bier und um Plätze und was weiß ich noch alles. Auch Odysseus weist sehr viele Parallelen zur Wiesn auf und Dante in der *Göttlichen Komödie* erst recht und der *Don Quichotte* sowieso: Alle drei laufen orientierungslos durch ihr Leben und wissen nicht mehr, wie sie heimkommen sollen. Dante legt eine Wanderung zurück von der Hölle bis in den Himmel, von ganz unten bis nach ganz oben, der Odysseus legt eine Irrfahrt hin, die ihresgleichen sucht, und der Don Quichotte kennt sich in der Welt überhaupt nicht mehr aus und findet sich hinten und vorne nicht mehr zurecht. Wer Windmühlen für Riesen hält, der kommt doch von der Wiesn, bildlich gesprochen. So wie manche ein Fußballspiel »lesen«, lässt sich das Oktoberfest im Sinne Dantes lesen als einer der neun Höllenkreise, die Dante durchwandern muss. Und schließlich Odysseus, der arme Hund, ihn zieht es ins Offene, und wer einmal lang genug auf der Wiesn war, den zieht es auch ins Offene, doch findet er sich oft in der Enge wieder. Auf der Wiesn gibt es nur einen Weg: von der Enge in die Weite und von der Weite in die Enge. Viele kommen von weit her und finden sich in der Enge. Und viele kommen aus der Enge und suchen das Weite. Und in all diesen Geschichten geht es irgendwie auch immer um irgendein Weib. Das ist die Wiesn!

Die Fülle des Geschehens schreit geradezu nach einer künstlerischen Bearbeitung, einem ebenbürtigen bayerischen Epos, das neben den großen Menschheitsdichtungen bestehen kann. Es gab einige Versuche. Ödön von Horváth hat es probiert mit einem Stück, Karl Valentin hat einige Szenen geschrieben, andere haben einiges dramatisiert, sicher, aber bisher hat sich noch kein Genius gefunden, der das jährliche Geschehen an der Bavaria für die Menschheit dichterisch festgehalten hätte.

Gerade beschließe ich, dieses Versäumnis nachzuholen, und denke über einen passenden Anfang für das Jahrhundertwerk nach, und ich weiß spontan, es ist der sich drehende Kreis, in dem es keinen Anfang und kein Ende gibt, jeder Punkt des Kreises ist Alpha und Omega zugleich, als eine Stimme zu mir sagt: »Komm, geh weiter!«, oder so was wie »Jetzt komm schon!«. Hat die Bavaria hinter mir gesprochen, oder sind das Stimmen

aus dem Jenseits? Ruft mich das Jenseits? Der Boandlkramer, der Tod? Der schaut aber heute lustig aus. Ist
der schon wieder besoffen? Z'vui Schnaps dawischt, ha?
Wos? Ich? Ich habe gar keinen Schnaps getrunken. – Was
will er von mir? – Einen Ausweis? – Habe ich. Sowieso!
Bitte? … Führerschein? Aha. – Habe ich auch. Ob ich
noch Auto fahren will? Heute? Fragt mich der Boandlkramer. Das, äh – glaube ich, schaffe ich heute nicht
mehr. Und wenn doch, dann soll er mich sofort verhaften! Hallo, sofort verhaften und heimtragen, bitte!
Warum trägt der Boandlkramer eigentlich eine Schuss-
waffe? Und warum ist der zu zweit? Das Jenseits ist auch
nicht mehr das, was es mal war. Habt's ihr im Himmel drüben so viele Kriminelle, dass ihr eine Pistole
braucht's, ha? Also, wenn das so ausschaut, das Jenseits,
dann will ich da nicht hin! Da ist mir das Diesseits hier
auf der Wiesn schon lieber. Aber lang dauert's nicht
mehr. Nur noch ein paar Stunden, und die Wiesn ist
aus für heuer.

Was wird das für ein Leben sein ohne die Wiesn?
Grau, hektisch, voller Müh und Plag, im Fegefeuer des
Alltags werden alle armen Sünder schmoren müssen ein
ganzes Jahr lang. Bis sie wieder losgeht, die Wiesn. Die
Erlösung wird kommen, das ist so sicher wie das Amen
in der Kirche, die Wiesn wird auferstehen, wie der Herr
auferstanden ist am dritten Tage, im September, gell,
jawoll, die Wiesn, das Bier … waren es jetzt drei Maß
oder doch viere? Auf jeden Fall z'wenig! Oder? Wieso
dreht sich eigentlich alles? Mensch, hab ich einen Dampf.
Vielleicht hätt ich nach dem Schweinsbraten nicht noch
den Kaiserschmarrn und die Bayerische Creme essen
sollen … vielleicht waren's doch fünfe? Kannt scho sei –
Hauptsache schee war's –

Da geht's lang

Wo komm ich her, wo geh ich hin, wo kauf ich mir die nächste Halbe? Solche Fragen stellt der Bayer selten. Im Normalfall weiß der Bayer immer, wo's langgeht, weil er sich auskennt in der Welt. Egal, wo er sich gerade befindet, ob in Chicago, Hongkong, Manaus, Moskau oder sonst wo, er weiß, wo er »dahoam« ist. Natürlich in Bayern. Aber warum? Weil er dort bei sich ist. Da er überall bei sich ist, ist er in der Welt daheim. Es ist vor allem die bayerische Sicht der Dinge, die ihm Sicherheit verleiht im Dasein.

Freilich passiert es ihm, dass er unschlüssig ist und überlegen muss, auf welchem Weg er sich befindet und wohin er sich auf seinem Weg nach vorn begeben möchte. Zur Oktoberfestzeit ist es aber für die meisten Bayern keine Frage, woher sie kommen, wohin sie gehen und wo sie sich die nächste Halbe kaufen. Sie kommen von der Wiesn, sie gehen auf die Wiesn, und die nächste Halbe kaufen sie sich bestimmt nicht auf der

Wiesn, weil dort nur Maßen ausgeschenkt werden, die meistens, sofern gut eingeschenkt wurde, einem ganzen Liter Bier entsprechen. Und falls doch irgendwo Halbe ausgeschenkt werden, so weist sie der Bayer gleichmütig zurück und bestellt eine Maß.

Aber bis zur ersten kühlen Maß kann es ein beschwerlicher Weg sein, wenn man sich nicht auskennt. Deshalb haben wir ein paar wichtige Vorüberlegungen für Sie zusammengestellt, die Sie unbedingt beachten sollten.

Zunächst sollten Sie wissen: Es gibt nur ein Münchner Oktoberfest, das sich logischerweise in München befindet! Wir wollen gar nicht bestreiten, dass überall auf der Welt große Volksfeste stattfinden, die gewisse Ähnlichkeiten mit unserer Wiesn haben. Immer wieder hören wir, dass es weltweit 2000 Oktoberfeste gibt, aber das Original befindet sich in München und sonst nirgends!

Es könnte sein, dass Ihnen jemand vom Oktoberfest in Berlin vorschwärmt. Das können Sie gleich vergessen! In der Hauptstadt gibt es zwar vor dem Roten Rathaus tatsächlich eine Veranstaltung, die den Namen des Münchner Originals trägt. Es handelt sich dabei aber um eine jämmerliche Kopie, die mit allerhand Ritualen aufwartet, die nur entfernt mit dem Geschehen in München zu tun haben. Wir sagen das nur, weil es schon irregeleitete Fremde gegeben haben soll, die felsenfest davon überzeugt waren, sich ihren Rausch auf dem berühmten Oktoberfest angetrunken zu haben. Wir bestreiten gar nicht, dass sie besoffen waren, aber ein Rausch, der in Berlin erworben wurde, kann nur wenig mit einem Münchner Oktoberfestrausch zu tun haben.

Sollten Sie also von weiter her kommen, so müssen Sie unbedingt darauf bestehen, in München anzukommen. Nun fragen Sie wahrscheinlich: Woran merke ich, dass ich in München bin? Es gibt ein paar untrügliche Merkmale. Sie haben bestimmt davon gehört, dass in München ein Hofbräuhaus steht. Aber ein Hofbräuhaus gibt es nicht nur in München, das gibt es auch in Tokio, in Chicago und in vielen anderen Städten. Um vor einem Hofbräuhaus zu stehen, müssen Sie nicht in München sein.

Hier nun einige sichere Indizien dafür, dass Sie auf dem richtigen Weg sind. München liegt immer an der Autobahn. Entweder an der A9 oder auch an der A8 oder an der A95. Sie können es kaum verfehlen. Wer vom Süden her auf München zufährt, merkt schon Kilometer vorher, dass München nicht mehr weit sein kann, weil sich der Verkehr staut. Stau ist ein absolut zuverlässiges Zeichen dafür, dass Sie in der richtigen Richtung unterwegs sind. Vor München bildet sich regelmäßig ein Rückstau der Fahrzeuge. München zeichnet sich unter anderem dadurch aus, dass oft eine Überzahl von Menschen das Gleiche zur gleichen Zeit am selben Ort vorhat.

Wenn Sie von Norden her in Bayern einfallen, kommt es seltener zu Staus, das liegt daran, dass die Autobahn sechsspurig ausgebaut ist. Aber auch auf dieser Einfallstraße gibt es sichere Anhaltspunkte. Relativ schnell werden Sie ein architektonisches Gebilde passieren, das eine gewisse Ähnlichkeit mit einer riesigen Bettpfanne aufweist. Es handelt sich dabei um die berühmte Allianz-Arena, das Fußballstadion, in dem die Kicker des FC Bayern München immer mal wieder große Erfolge feiern.

Grundsätzlich ist allerdings schon zu überlegen, ob eine Anreise mit dem Auto zur Wiesn sinnvoll ist. Es gibt

Parkplätze, aber die sind alle besetzt. Außerdem sollten Sie das Auto stehen lassen, wenn Sie mehr als zwei Maß getrunken haben. Der ehemalige bayerische Ministerpräsident Günther Beckstein verkündete zur Freude vieler Gerstenfreunde, dass man mit zwei Maß Bier schon noch fahrtüchtig wäre, wenn man sich lange genug dazu Zeit nähme (ich weiß jetzt nicht, was er damit meint: das Fahren oder das Trinken). Wir wissen nicht, ob er je einen Selbstversuch unternommen hat, aber genützt hat es ihm nicht viel. Er ist schon lange nicht mehr Regierungschef in Bayern. Heute sitzt er als einfacher Abgeordneter im bayerischen Landtag und kümmert sich um andere wichtige Fragen. Mit wie viel Maß ein bayerischer Ministerpräsident noch regierungsfähig ist, wissen wir nicht, und leider hat sich dazu auch bis heute kein maßgeblicher Politiker geäußert. Es soll auch schon Autofahrer gegeben haben, die mit fünf Maß von der Wiesn noch nach Hause gefunden haben. Es macht natürlich einen Unterschied, ob Sie von München nach Aigenstadl heimfahren oder eventuell nach Sydney müssen. Allerdings werden Sie München höchstwahrscheinlich von Australien aus nicht mit dem Auto ansteuern, sondern mit dem Flugzeug anreisen und in Erding auf dem Flughafen landen.

Da müssen Sie allerdings einen kleinen Nachteil in Kauf nehmen. Wer mit dem Flugzeug zur Wiesn kommt, landet etwa 40 Kilometer östlich im Erdinger Moos auf dem Flughafen München, der auf den schönen Namen »Franz Josef Strauß« hört. Den Flughafen hat man deshalb so weit draußen vor der Stadt angesiedelt, weil dadurch den ankommenden Gästen die Möglichkeit gegeben werden sollte, sich langsam und behutsam auf München und Bayern einzustimmen. Meistens gelingt das sehr gut. Soweit das Flughafenpersonal charakterlich bayerisch disponiert ist, werden Sie am Ausgang skeptisch und mürrisch dreinschauende Uniformierte mit ihren Blicken streifen. Und mancher Beamte wird sich denken: »Bloß guad, dass de alle wieder hoamfahren!«

Aber keine Sorge, es wird Sie niemand aufhalten auf Ihrem Weg, der Sie vermutlich zur S-Bahn führen wird. Alternativ können Sie auch mit dem Taxi fahren oder zu Fuß gehen. Es gibt ja immer mehr Menschen, die ihre Grenzen ausloten wollen.

Zu Fuß nach München werden Sie fünf bis sechs Stunden brauchen. Ich vermute aber, dass diesen Gewaltmarsch bisher kaum einer ins Auge gefasst hat. Falls Sie Lust dazu haben, würde ich Ihnen eine Wanderkarte des bayerischen Wandervereins empfehlen, damit Sie sich nicht verlaufen.

Für gläubige Wiesnbesucher bieten sich Pilgerwege an, die, falls Interesse besteht, an den Fernpilgerweg nach Santiago de Compostela angeschlossen sind. Für sie bietet das Oktoberfest einen Zwischenaufenthalt, wobei sie das Oktoberfest als Prüfung nutzen, ob sie in der Lage sind, den teuflischen Versuchungen zu widerstehen. Es scheint wohl einen Pilgerweg zu geben, der die gläubigen Wanderer direkt durch das Hackerzelt, den Himmel der Bayern, führt. Viele können danach nicht mehr weiter und brechen das Pilgern ab, um ihre Läuterung auf der Wiesn fortzusetzen.

Sie können am Flughafen aber auch ein Taxi ordern, um nach München reinzufahren. Seltsamerweise wählen die Taxifahrer immer die kürzeste Strecke und fahren trotzdem zuverlässig einen Fahrpreis von rund 60 Euro heraus. Vielleicht haben Sie Glück und der Mann oder die Frau hinter dem Steuer fragt Sie beim Einsteigen: »Woin'S über Ismaning fahren oder über die Autobahn? Über Ismaning ist es kürzer, dauert aber länger!« Egal, wie Sie sich entscheiden, Sie werden am Ende 60 Euro zahlen.

In München angekommen, können Sie selbstverständlich auch mit den öffentlichen Verkehrsmitteln fahren. Wenn Sie einen Passanten fragen, wie Sie am schnellsten auf das Oktoberfest kommen, dann wird er Ihnen, falls er ein Ortskundiger ist, bestimmt sagen, dass Sie mit der U-Bahn fahren sollen oder mit der Tram, wie bei uns in München die Straßenbahn heißt. Möglicherweise müssen Sie aber erst einmal die S-Bahn nehmen, um zu einer U-Bahn-Haltestelle zu gelangen. Und manchmal empfiehlt es sich, zunächst mit einem Bus des Münchner Verkehrsverbundes zu fahren, um zu einem S-Bahnhof zu gelangen. In einer Stadt, in der Sie fremd sind, kann die Anreise ganz schön kompliziert sein. Aber nicht in München! An den Haltestellen befinden sich bunte Pläne, in denen Linien eingezeichnet sind. Es gibt mehrere kreisförmige Zonen. Je nachdem, wie viele davon Sie durchfahren müssen, um zu Ihrem Ziel zu kommen, desto mehr müssen Sie dafür bezahlen. Es gibt große und kleine Streifenkarten, es gibt Tageskarten, Wochen- und Monatskarten, es gibt Kurzstreckenkarten und Familienkarten, und es gibt verzweifelte Fahrgäste, die dieses System nicht verstehen. Sollten Sie nicht gleich durchblicken, welche Karte für Sie die richtige ist, fragen Sie einfach einen Einheimischen, der wahrscheinlich auch nicht durchblicken wird. Es gibt nicht viele, die wirklich wissen, wie man am günstigsten fährt. Dagegen gibt es gerade zur Wiesnzeit sehr viele, die ähnliche Probleme haben wie Sie.

Aber es wird niemand gezwungen, mit dem MVV, so nennt der Einheimische liebevoll sein öffentliches Verkehrsnetz, zu fahren. In München herrscht Bewegungsfreiheit, und zwar in einem Ausmaß, wie das nur in Großstädten üblich ist. Es zeigt sich, dass der bayerische Mensch ein Bewegungswesen ist. Er bewegt sich auf vielerlei Arten, zu Fuß, zu Rad, und grade zur Wiesnzeit probiert es der eine oder andere auch mal auf allen vieren. Die Zunahme der Mobilität im urbanen Raum verdeutlicht allerdings auf erschreckende Weise, dass die Bewegungsfreiheit rapide abnimmt mit zunehmender Anzahl der Freiheitsteilnehmer. Gerade zur Oktoberfestzeit erreicht die Liebe zur Bewegungsfreiheit solch ungeheure Ausmaße, dass es zu Behinderungen auf allen Strecken zur Wiesn hin und von ihr weg kommen kann. Zu extremen Stoßzeiten, an Wochenenden beispielsweise, wenn es nur einen einzigen unaufhaltsamen Strom zur Wiesn zu geben scheint, kann es auch zu einer zeitweisen totalen individuellen Bewegungsunfreiheit kommen – zum Stillstand. Der Einzelne ist dann nicht mehr in der Lage, frei zu entscheiden, wohin er sich bewegen möchte, sondern er wird gezwungen, sich mit der Masse zu bewegen. Es wird geschoben und gedrängt, keiner kann, wie er will, aber alle wollen weiter. Nur weiter. Dieser Bewegungszwang wird aber individuell oft nicht als solcher empfunden, sondern als einmalig schönes Wiesnerlebnis.

Einen Vorteil hat das ganze Gedrängel aber, man kommt in jedem Fall auf der Wiesn an, auch wenn man sich nicht auskennt.

Da es aber immer auch welche gibt, die genug haben von der großgemütlichen Stimmung und »nur no hoam woin«, ist mit immensen Gegenbewegungen zu rech-

nen, die ein zügiges und ungehindertes Voranschrei-
ten verhindern.

Wenn Sie es endlich bis an den Rand des Oktoberfestes geschafft haben, dann gibt es eigentlich nur zwei
Möglichkeiten, die Festwiese zu betreten. Entweder Sie
kommen aus der U-Bahn, dann kommen Sie von unten
und haben das Gefühl aufzutauchen. Oder aber Sie kommen von oben, über den Bavariahügel, dann haben Sie
die Möglichkeit, in die Wiesn einzutauchen.

Jeans oder Dirndl

Trachten dominieren das Bild. Kaum einer betritt das Festgelände ohne Lederhosen oder Dirndl. Freilich haben viele der Kleidungsstücke, die auf dem Oktoberfest zur Schau gestellt werden, nur noch entfernt mit einer echten Tracht zu tun. Zum Teil laufen die Leute in einem »voglwuiden« Aufzug herum, der eher an Fasching denken lässt als an das traditionelle Festtagsgewand. Und oft möchte man einfach nicht glauben, zu welcher Entstellung die Leute bereit sind. Wer einen sogenannten Bierfasshut auf dem Kopf trägt, zeigt damit nur, dass er bereit ist, sich zum Deppen machen zu lassen, auch wenn er eine Lederhosen anhat. Mit Tracht hat das überhaupt nichts mehr zu tun. Die Bereitschaft, sich in stillosen Kleidungskombinationen zu zeigen und sich damit zu entwürdigen, hat auf der Wiesn leider zugenommen. Nicht jedem gefällt das. Prinz Luitpold von Bayern, ein Urururenkel König Ludwigs I., ist der Meinung, »die Wiesn degeneriert zu einem Nationalbesäufnis mit karnevalistischen Zügen, und mit dieser Ballermannisierung geht eine Banalisierung einher, die ich nicht gut finde«. Da können wir der Königlichen Hoheit aus Kaltenberg nur zustimmen. Offensichtlich ist es eine Gaudi, sich als Bayer zu verkleiden.

Aber nicht alle sind bereit, dem Trend hinterherzulaufen. Das Tragen der Tracht hatte lange Zeit grade nichts mit trendigem Verhalten zu tun. Wer Tracht trug, demonstrierte genau das Gegenteil davon. Er wollte damit auf die Zeitlosigkeit der bayerischen Kleidung hindeuten. Im bayerischen Bewusstsein gibt es nämlich eine Konstante des Unveränderlichen, des »ewig währenden bayerischen Seins«, das alle Zeiten übersteht. So zumindest glaubt es mancher Traditionsbayer. Und neben vielen anderen Zeichen steht auch die Tracht für dieses zeitübergreifende Gefühl – lange bevor sie *trendy* wurde.

»Muss das sein?« – fragt schon mal einer beim Zuknöpfen der Lederhosen, wenn die Hirschhornknöpfe sich einfach nicht ins Knopfloch drehen lassen. Muss ich unbedingt diese widerspenstige Krachlederne anziehen, um wiesntauglich zu erscheinen? Es muss nicht sein, aber es darf.

Es gibt auch viele, die in Jeans auf die Wiesn gehen. Dieses Kleidungsstück stammt übrigens ursprünglich auch aus Bayern. Und wenn der Herr Levi Strauss nicht nach Amerika ausgewandert wäre, hätte vielleicht sogar die Jeans gegenüber der Lederhose das Rennen gemacht. Die Lederhose wurde angeblich 1883 in Bayerisch Zell von dem Lehrer Joseph Vogl erfunden. Die Bluejeans wurde schon 1873 patentiert, entwickelt von dem aus dem oberfränkischen Buttenheim stammenden Levi Strauss. Es handelt sich in jedem Fall um zwei Beinkleider bayerischer Herkunft. Wer in der Jeans auf die Wiesn geht, trägt also zumindest vom Ursprung her auch ein bayerisches Gewand. Eine Jeanstracht ist indes im bayerischen Trachtenerhaltungsverband bisher nicht registriert. Schade eigentlich.

Ursprünglich war die Tracht – und für viele traditionsbewusste Bayern ist sie das heute noch – ein festliches Feiertagsgewand, das man nur zu besonderen Anlässen wie Taufen, Beerdigungen und Hochzeiten anlegt. Der Bayer *zieht* zwar eine Lederhose an, aber ein Gewand *legt* er an. Diese sprachliche Ausdrucksweise könnte damit zusammenhängen, dass der Kauf einer echten Tracht tatsächlich einer finanziellen Anlage gleichkommt. Die Kosten dafür sind immens. Die Gewänder sind kostbar, sie werden ausnahmslos handgearbeitet. Die von Landstrich zu Landstrich unterschiedlichen Ausformungen und Verzierungen verlangen eine hohe Kunstfertigkeit vom Schneider, und der lässt sich den intensiven Zeitaufwand, den er leisten muss, ordentlich bezahlen. Und weil diese Anschaffungen so ins Geld gehen, werden die Trachtenvereine von staatlicher Seite subventioniert. Andernfalls könnte sich mancher überzeugter Bayer keine Originaltracht leisten. Beispielsweise muss man für handgenähte Hirschlederhosen bis zu 1500 Euro auf den Tisch legen. Um sich voll auszustatten, kommen noch die Haferlschuh, die Wadlstrümpf, das Trachtenhemd, die Joppen und obendrauf auch noch ein Hut dazu, der mit einem Gamsbart bestückt leicht noch einmal so viel kosten kann wie die Lederhose allein. Man will es nicht glauben, aber so ein Gamsbart kostet ein Vermögen. Für außergewöhnliche Bärte zahlt der Liebhaber mehrere Tausend Euro. Für einen gelegentlichen Oktoberfestbesuch wäre eine solche Anschaffung sicher übertrieben. Aber vielleicht packt Sie ja die Lust, jedes

Jahr dabei sein zu wollen. Sie wären nicht der/die Erste. Dann käme eine Vollausstattung eventuell in Betracht. Und wenn es Sie juckt, beim Oktoberfestumzug mitzumarschieren, dann kommen Sie um die Tracht sowieso nicht herum. Sie müssten sich nur noch entscheiden, welches Gewand Ihnen zusagt. Es gibt nämlich nicht nur eine Tracht, sondern eine breite Palette an Trachten.

Jede Region schuf sich ihre eigene Tracht, um damit ihrer Identität Ausdruck zu verleihen und um aller Welt zu zeigen, wie einer ausschaut, wenn er beispielsweise aus dem Tölzer Oberland kommt, dem unteren Ilztaler Trachtengebiet zugehört oder am Tegernsee daheim ist. Es gibt sechs verschiedene Gebirgstrachten: die Miesbacher, die Werdenfelser, die Inntaler, die Chiemgauer, die Berchtesgadener und die Isartaler Tracht.

Jede bayerische Tracht hat etwas ganz Eigenes, Unverwechselbares, aber eins ist auf den ersten Blick immer sofort klar: Wer so rumläuft, kann nur aus Bayern stammen. Was aber trotz allem immer auch zweifelhaft ist. Denn viele, die in einer Tracht stecken, entpuppen sich bei näherem Hinsehen als »Fremde«, die sich zum bayerischen Brauchtum hingezogen fühlen.

Oda aba aa wieda net

Schon oft wurde versucht, die Einzigartigkeit der Wiesn zu ergründen. Das Alleinstellungsmerkmal der Wiesn wurde von den verschiedensten Exegeten immer wieder umkreist, aber nie ist wirklich einer zum Kern des ganzen Komplexes vorgestoßen. Umso erstaunlicher ist, dass es mir gelungen ist. Vielleicht hängt es damit zusammen, dass ich meine Forschungen immer mit dem Maßkrug in der Hand betrieben habe. Nach eingehenden, intensivsten Expeditionen auf das Oktoberfest, die mich in die tiefsten Tiefen unseres Forschungsgegenstandes führten, kann ich nun an dieser Stelle endlich eine überzeugende und schlüssige Erklärung für die Einmaligkeit des Oktoberfests geben, die den wahren Wesenskern dieses Events freilegt und damit den Unterschied zu allen anderen ähnlich aufgezogenen Festen erklärt.

Der zentrale Sinngehalt des Münchner Oktoberfestes manifestiert sich im globalen Angebot einer monokulturellen Geborgenheit im bayerischen Kulturgewand.

Die monokulturelle Geborgenheitsofferte zeichnet sich durch ein charakteristisches Merkmal aus. Es besteht in der bayerischen Übermalung und Ausstattung des Geschehens. Für die Dauer des Oktoberfestes bekennen sich Millionen von Wiesnfans zur bayerischen Kultur in allen ihren Facetten als optimaler Lebensform für die globalisierte Welt.

Auf der Wiesn mutieren alle Besucher freiwillig(!) zu Bayern. Jeder bekennt sich durch das Tragen der Trachten zur bayerischen Lebensart und demonstriert damit öffentlich seine Verbundenheit mit dem lustbetonten Lebensvollzug der Bayern. Die bayerische Lebensweise wird damit als höchste Form des Hedonismus anerkannt. Das Oktoberfest steht nicht nur für die kulturellen Eigenheiten des typisch bayerischen Feierns, sondern schafft zumindest für die Dauer des Festes die Anerkennung der bayerischen als vollendete Lebensweise.

Die Wiesnbesucher bekennen sich zu einer monokulturellen Weltsicht. Die Welt schlüpft in die bayerische Lederhose respektive das bayerische Dirndl. Wiesnbesucher geben für die Zeit des Oktoberfestes ihre individuelle Identität als Ausländer auf. Sie sind nicht länger Italiener, Australier, Iren, Japaner, Amerikaner oder Franken. Alle sind Bayern. Der Idealbayer ist der Nichtbayer!

Das bayerische Sein wird als globales Programm, als bayerische Manifestation des lustvollen Lebens propagiert. Das Oktoberfest ist zwar oberflächlich betrachtet nur ein Teil Bayerns, doch in jedem Teil ist das Ganze immer enthalten. Und Bayern ist die Summe seiner Teile. Das Oktoberfest ist ein Teil der Summe des ganzen Bayern.

Doch um welches Phänomen menschlicher Gemeinschaft handelt es sich, wenn jedes Jahr Millionen Menschen aus allen Erdteilen nach München reisen, um dabei zu sein bei dieser alljährlich wiederkehrenden, alle menschlichen Dimensionen sprengenden Gemütlichkeitsveranstaltung? Wenn sie in die bayerische Landeshauptstadt strömen, um auf einer einfachen Wiese unter der Bavaria auf engstem Raum zu feiern und typisch bayerische Mahlzeiten und Getränke zu völlig überhöhten Preisen zu sich zu nehmen? Was macht dieses Oktoberfest zu einem einzigartigen Event, zu einem *Must*?

Wir könnten diese Fragen jetzt so einfach und prägnant beantworten wie der Bayer, der auf die Frage, was denn am Oktoberfest so außergewöhnlich sei, antwortete: »Wenn's nix waar, dann waar's scho lang wieda weg.« Sicher hat der weise Mann damit nicht ganz unrecht. Aber so einfach wollen wir es uns nicht machen. Ein vielschichtiges Phänomen wie unser Oktoberfest verlangt nach einer vielschichtigen und differenzierten Antwort.

Dazu müssen wir tief eindringen in die *res bavarica*, in die »bayerische Sache«, denn das Oktoberfest ist nicht nur an der Oberfläche, sondern durch und durch eine urbayerische Angelegenheit, an der alle bayerischen Eigentümlichkeiten sichtbar werden. Wer also über das Oktoberfest Auskunft geben will, muss sich mit bayerischen Grundbefindlichkeiten befassen.

Darum müssen wir an dieser Stelle einige fundamentale Bemerkungen zur bayerischen Weltsicht vorausschicken. Es ist eigentlich unnötig zu erwähnen, dass der Bayer die Welt aus bayerischer Sicht betrachtet. *Extra Bavariam non vita est, et si est vita, non est ita.* Sagt der Bayer heute noch, wenn er lateinisch spricht. Das heißt frei übersetzt: Außerhalb Bayerns gibt es kein Leben, und wenn, dann ist es kein bayerisches Leben, sondern etwas anderes. Die Bayern haben das heliozentrische Weltbild akzeptiert; dennoch glauben sie, dass ihr Land unter der Sonne einen besonderen Stellenwert einnimmt. »Gott mit Dir, Du Land der Bayern, deutsche Erde Vaterland, über Deinen weiten Gauen ruhet Seine Segenshand«, so beginnt die erste Strophe der bayerischen National-hymne. Gott ist mit diesem Land und seinen Leuten! Da bilden wir uns nichts drauf ein, aber Gott ist mit uns. Es steht uns nicht zu, Gott zu kritisieren. Er ist vollkom-men frei in der Wahl seiner Länder. Doch so, wie's aus-schaut, betrachtet er Bayern als sein auserwähltes Land. Und dementsprechend fühlen sich die Bayern auch als sein auserwähltes Volk!

Der bayerische Blick tönt nicht nur die bayerische Welt in ganz besonderer Weise, sondern darüber hi-naus auch die Welt als Ganzes, die wir als »den Kos-mos« oder »das Universum« bezeichnen. Davon haben wir in Bayern genug, beziehungsweise so viel, dass es uns reicht. Ich will damit sagen, der Bayer ist mit dem Angebot an Welt zufrieden. Wobei hier nicht nur das Weltliche gemeint ist, im Gegensatz zum Geistlichen, was in Bayern meistens katholisch auftritt. Nein, auch das Geistliche gehört zum Weltlichen. Welt ist alles, was in Betracht kommt. Und das ist meistens von beträchtli-chem Ausmaß. Europa, Amerika, Asien, Afrika, Austra-lien, und obendrauf eine Atmosphäre mit einem Klima, das sich wandelt. Und das ist noch lange nicht alles. Die Religionen, die Kirchen, der Buddhismus, der Islam, das Judentum, und dann kommen auch noch die Wirtschaft, die Gesellschaft und das Politische dazu. Die große ord-nende Macht der CSU, die – wir wollen das mit der größtmöglichen Sachlichkeit anmerken – am Abnehmen ist. Also, der Bayer hat einiges an Weltlichem zu verarbeiten. Es geht um die Fülle der Wahrnehmung, die der Bayer täglich bewältigen muss.

Sein zentraler Erkenntnissatz lautet: »Du, lass amoi wos sei! Wia schnei is heit wos!« Was ist damit ausgesagt? Nun, der Satz ist von größter philosophischer Tragweite. Damit bringt der Bayer seine Seinsgelassenheit zum Ausdruck. Er spricht ein imaginäres Du an. Er ist ein Du-Mensch! Er würde nie sagen: »Lassen Sie mal was sein!« Das gibt es nicht. Ein »Sie« gibt es in seiner Philosophie überhaupt nicht. Wenn er sagt: »Du, lass amoi wos sei«, dann spricht er mit einem Du auf der gleichen philosophischen Erkenntnisebene und meint damit, dass das Sein eh schon ist, dann kannst Du es auch sein lassen. Er lässt also das Sein sein, wie es ist. Aber er drückt damit auch die Seinsgewissheit aus, dass immer etwas ist, was auch anders sein könnte. Das »amoi« gibt den zeitlichen Horizont an. Es kann heute sein, es kann morgen sein, es kann aber auch schon gestern gewesen sein. So ist das. Das bayerische Zeitkontinuum wird mit dem »amoi« gesetzt. Komplettiert wird das Zeitkontinuum durch den bayerischen Raum, in dem etwas zeitlich sein kann, und zwar so, dass es auch vorkommt. Im bayerischen Denken wird mit dem Satz »Du, lass amoi wos sei« raum-zeitliche Kontinuität angenommen und versprochen.

Im Weiteren wird durch den Satz »Wia schnei is heit wos« eine bayerische Grundangst artikuliert, es könnte etwas sein, was besser nicht wäre. Die Grundangst wird bestärkt durch das »Du, lass amoi wos sei!« Also, nicht das imaginäre Du lässt etwas sein in der Welt, sondern es gibt Kräfte in der Welt, die etwas sein lassen. Im »wos« ist alles, was sein kann, enthalten, auch das, was nicht sein kann (des wos net sei ko), weil die Negation und die Negation der Negation, wie ich gleich hier anmerken will, um später wahrscheinlich noch einmal darauf zu kommen, wenn wir den Hegel Schorsch und seine bayerischen Affinitäten behandeln, konstitutiv ist für Bayern.

Der Bayer ist ein Kontingenzmensch. Er weiß »von Haus aus«, was so viel heißt wie »a priori«, also von vornherein, ohne irgendeine Erfahrung gemacht zu haben, dass immer alles auch ganz anders sein kann. Diese Sicherheit lässt er sich einfach nicht nehmen. Hier wird ein radikal bayerischer Relativismus deutlich. Der Bayer ist davon überzeugt, dass die Wirklichkeit »nur so ausschaut«. Der Verdacht, sie könnte, hinter dem, »wie sie ausschaut«, ganz anders sein, lässt den Bayern sehr vorsichtig werden. Er ist immer auf der Hut. Er sagt oft: »I moan oiwei, es kannt aa anders sei«, weil er aus Erfahrung weiß, dass es hinterher oft ganz anders ist, wie's vorher ausgeschaut hat.

Die Welt erscheint dem Bayern irreal. Sprachlich – und dieser Punkt ist immens wichtig für das Verständnis der bayerischen Weltsicht – drückt er sich deshalb bevorzugt im Irrealis aus. »Wenn i di frogn dat … wos datst du dazua sogn?« – das ist die klassische bayerische Fragestellung. Für ungeübte Sprachnutzer des Bayerischen ist nie ganz klar, ob diese Frage ernst oder ironisch gestellt wird. Sowohl als auch! Da der Bayer sich selbst ironisch betrachtet und sich immer irgendwie in der Annahme befindet. Die Welt ist eine Annahme. Die Sprache hilft bei der Formulierung und der sprachlichen Wiedergabe der Annahmen über das Wesen der Dinge.

Denn wenn der Bayer irgendwo hinkommt, wenn er irgendwo auf der Welt ankommt, nimmt er zunächst an, dass er da ist, und sagt: »So, i waar jetzt do.« Was so viel heißt wie: »Kannt sei, dass i do bin.« Obwohl er da ist, schließt er nicht aus, nicht da zu sein. Auf diese Weise ironisiert der Bayer sein Dasein in der Welt. Obwohl er da ist, signalisiert der Bayer durch das »waar« (= wäre), dass er nicht da sein könnte. Die Welt ist ein Konjunktiv für den Bayern. Überall entdeckt er ein *Könnte*, ein *Vielleicht*, und ein *Oder aber aa wieder net*. Er gibt damit einen Hinweis auf eine vorläufige, vorübergehende, ja vergehende Existenz. Man könnte diese Form der Welterfahrung »ontologische Ironie« nennen. Und ich bin sicher, wenn der Bayer im Himmel ankommt, sagt er als Erstes: »So, i waar jetzt do.« Was dann so viel heißt wie: »Es kannt aa sei, dass i net do bin!«

Bei aller Annahme ist eines immer klar: Bayern bleibt immer gleich. Nicht dasselbe bleibt es, aber es ähnelt sich. Einschränkend müssen wir (wahrscheinlich ich allein) hier eingestehen, dass auch Bayern gewissen Entwicklungen nicht widerstehen konnte. Bayern ist heute ein moderner Hightechstandort, der international ausgerichtet ist. Bayern ist an die Welt angeschlossen. Computerviren beispielsweise greifen auch bayerische PCs an. Leider. Weltwirtschaftliche Verwerfungen, die Auswirkungen des Klimawandels, die Umstellung von Sommer- auf Winterzeit erreichen auch die bayerischen Gefilde. Aber es gibt eine unveränderbare bayerische Kernsubstanz, die allen Veränderungen enthoben ist. Dazu gehört der feste Glaube an die Unvergänglichkeit Bayerns. »Auch wenn wir einmal nicht mehr sein werden, Bayern wird immer sein.« Dasselbe gilt auch für die Wiesn.

Oane geht oiwei no

Ohne Bier ist Bayern überhaupt nicht vorstellbar. Na ja, vielleicht gibt es irgendwo auf dieser Welt auch Menschen, die sich Bayern ohne Bier vorstellen können, aber eine bedeutende Rolle spielen sie in der ethnologischen Beschreibung des Landes bestimmt nicht. Bier ist nicht nur ein Getränk unter vielen anderen. Es wird nach dem strengen bayerischen Reinheitsgebot von 1516 gebraut und zählt in Bayern zu den Grundnahrungsmitteln. Hie und da ist sogar die Rede von »flüssigem Brot«, um auf die elementare Stellung des Gerstensaftes in Bayern hinzuweisen. In ersten Versuchen, Bier zu brauen, spielte tatsächlich Brot eine entscheidende impulsgebende Rolle. Viele Erfindungen der Menschheit gehen auf Zufälle zurück. Brot war zufällig feucht geworden, es bildete sich unter Wassereinwirkung ein gärendes Getreidegemisch, das die Menschen neugierig machte. Es dauerte zwar dann noch ein paar Jahrtausende, bis ein ordentliches bayerisches Bier abgefüllt werden konnte, aber die Entwicklung nahm damit ihren Anfang. Heute können wir auf eine große Palette von Biersorten zugreifen. Brot spielt allerdings im Brauvorgang keine Rolle mehr.

Viele Biertrinker glauben, dass die Bayern die Ersten waren, die Bier gebraut haben. Aber leider ist dem nicht so. Aus irgendeinem unerfindlichen Grund sollen es die Sumerer gewesen sein. Vorsichtshalber wollen wir das an dieser Stelle einmal bezweifeln. Denkbar ist immerhin, dass bei den Sumerern damals im Sudhaus zwischen Euphrat und Tigris an maßgeblicher Stelle doch schon ein Weihenstephaner Braumeister tätig war. Es ist sogar ziemlich sicher, denn meist waren Bayern in der Nähe, wenn weltbewegende Dinge geschahen. In der Arche Noah sollen ja schon Bayern mitgefahren sein, berichtet eine alte Legende. Die Arche stand nicht wie überliefert auf dem Ararat, sondern auf dem Arber. Neuere Forschungen haben ergeben, dass ein Übertragungsfehler vorliegt. Weil die Geschichtsschreiber alle voneinander abgeschrieben haben, konnte wohl einer die Hieroglyphen seines Kollegen nicht entziffern und schrieb statt Arber einfach Ararat hin. Und niemand hat sich bisher die Mühe gemacht, diesen Fehler zu korrigieren!

Meine Bierforschungen haben jedenfalls eindeutig ergeben, dass die Sumerer ein bayerischer Stamm waren.

Die Aussprache »Sumérer« mit der Betonung auf der zweiten Silbe halte ich für falsch. Legt man die Betonung auf die erste Silbe, so erhält man die originale Aussprache Súmerer, und dann entsteht eine unverkennbar bayerische Lautgebung, die auf eine Brauerdynastie hinweist, die vermutlich im niederbayerischen Hopfenland um Mainburg ansässig war. Bei Grabungsarbeiten fand man Grundmauern, die nach Umfang und Größe

Hinweise auf Sudhäuser geben, die der frühen Kupferzeit zuzurechnen sind. Letzte Beweise fehlen zwar wie immer, aber die Indizien sprechen für sich.

Ich bin daher der festen Überzeugung, dass die Sumerer ursprünglich Bayern waren, die sich eine Zeit lang in der Gegend von Babylon aufgehalten haben, und – nachdem sie dort besagten Brotgärvorgang entdeckt hatten – sich dann im Zuge der Völkerwanderung auf dem Weg nach Norden als Kelten ausgegeben haben oder als solche identifiziert wurden, um im Mehrstromland Bayern zwischen Donau, Inn, Iller, Lech und Isar sesshaft zu werden. Das kühlere Klima im bayerischen Voralpenland war für die Lagerung und Haltbarkeit des Bieres weitaus besser geeignet als die Gegend um Babylon, wo für das Brauwesen katastrophale Bedingungen herrschten. Für mich ist diese Deutung schlüssiger als die profane Behauptung, die Sumerer hätten das Bierbrauen erfunden.

Aber selbst wenn, wie ich nicht glaube, die Sumerer keine Bayern waren und wenn sie, nur mal angenommen, trotzdem entgegen aller Wahrscheinlichkeit tatsächlich so ausgefuchste Brauer waren, wie man uns weismachen möchte, warum haben sie dann nicht ein Bierfest von der Größe der Wiesn erfunden? Das wäre ja dann nur logisch gewesen. Aber von einem Oktoberfest ist im Zweistromland nirgends auch nur eine Spur zu finden. Auf keinem einzigen Tontäfelchen der pedantischen, vom Aufschreiben und Festhalten besessenen Sumerer ist die Rede von einem großen Volksfest. Also eine hundertprozentige Biergesellschaft, wie wir sie in Bayern vorfinden, kann zwischen Euphrat und Tigris nicht existiert haben.

Hochachtungsvoll zua

Aristoteles, der Sohn eines Arztes war und vielleicht aus diesem Grunde gemeint hat, er könnte auch zum Brauereiwesen etwas beitragen, hat seinerzeit schon festgestellt, »dass Bier die Eigentümlichkeit besitzt, den Menschen, der zu viel davon getrunken hat, nach rückwärts fallen zu lassen, während allzu reichlicher Weingenuss ein Niederstürzen nach allen Seiten verursacht«. Man müsste jetzt genauer untersuchen, was der Aristoteles damals für ein Bier getrunken hat, dass es ihn nach hinten obidraht hot (wörtlich übersetzt: hinuntergedreht hat). Vielleicht hat er ein Warsteiner trinken müssen oder ein anderes Kopfwehbier.

Sie müssen damals aber schon ganz schön gesoffen haben, weil sonst gibt es so etwas nicht. So viel steht fest, die alten Griechen haben nicht nur griechischen Wein genossen, die haben auch gerne einmal ein Bier gezischt. Sicherlich haben sie dafür ihre Gründe gehabt. Grade in philosophischen Kreisen gibt es Anlässe genug, um sich zu betrinken. Beispielsweise wenn einer der Denker-Kollegen eine Erkenntnis gehabt hat, wie *panta rhei*, alles fließt, werden sie es laufen lassen haben. Bier und Wein bis zum Abwinken. Aber was ich nicht glauben kann, ist, dass die ein Bier getrunken haben, das ausschließlich ein Rückwärtsfallen bewirkt haben soll. Vielleicht haben sie ein spezielles Philosophenbier erwischt, das von der individuellen Struktur her nach rückwärts orientiert war. Könnte aber auch sein, dass sie beim Trinken schon eine leichte Rücklage gehabt haben, damit es besser reinläuft. Möglich ist alles. Dazu müsste man mal eine Forschungsarbeit in Auftrag geben, damit man endlich erfährt, was da los war in der Philosophenstube.

Meiner Erfahrung nach kann man nach reichlichem Biergenuss nach allen Seiten umfallen. Nach hinten ebenso gut wie nach vorne. Auch ein Wegkippen zur Seite ist möglich. Die Fallrichtung ist individuell verschieden. Der eine fällt lieber nach vorne und der andere lieber nach hinten. Was wir aber auf keinen Fall abstreiten können, ist, dass es zu Gleichgewichtsstörungen kommen kann. Voraussetzung dafür ist allerdings ein Fetzenrausch; ein einfacher Suri, also ein kleines Räuscherl, reicht dafür nicht aus.

Und was auch ganz klar ist: Der Rausch war in erster Linie eine Sache der Gebildeten. Und manche konnten ihre Erfahrungen trotz Dampf gut dokumentieren. Es gab einige, die im »hochachtungsvollen Zustand« ihre Gedanken noch aufschreiben konnten. Friedrich Nietzsche beispielsweise, ein Mann, der im Delirium daheim war, hat seine individuellen Erfahrungen in der *Fröhlichen Wissenschaft* (§125) festgehalten.

»Wer gab uns den Schwamm, um den ganzen Horizont wegzuwischen? Was thaten wir, als wir die Erde von ihrer Sonne losketteten? Wohin bewegt sie sich nun? Fort von allen Sonnen? Stürzen wir nicht fortwährend? Und rückwärts, seitwärts, vorwärts, nach allen Seiten? Gibt es noch ein Oben?« Ich weiß nicht, ob ein solches Erlebnis mit Bier allein herzustellen ist. Ich könnte mir vorstellen, dass in diesem Fall noch andere Rauschmittel mit im Spiel waren. Weil so, wie es den guten Nietzsche rumhaut, der stürzt ja nur noch, in alle Himmelsrichtungen, mit Bier allein ist eine solche Berauschtheit nicht zu erreichen.

Und es ist ihm nicht gut gegangen. Er fährt nämlich fort: »Irren wir nicht durch ein unendliches Nichts? Haucht uns nicht der leere Raum an? Ist es nicht kälter geworden?« Der leere Raum hat ihn angehaucht, und er fragt sich, ob es kälter geworden ist. Auweh! Also, wenn Sie mich fragen, der war auf Entzug. Der Eindruck drängt sich mir auf. Auf der Wiesn wäre ihm das nicht passiert. Von wegen leerer Raum, der haucht da nicht! Da bläst der volle Raum. Mei Liaber! Es dampfelt, dass der Rauch aufsteigt!

Wie gesagt, bei Philosophen ist das nicht unüblich, dass die was nehmen, damit ihnen was einfällt. Die haben oft einen Gedankenbeschleuniger gebraucht. Wein und Bier, manche sogar Absinth, sonst wäre ihnen nichts eingefallen.

Ohne Rausch geht es nicht. Immer wieder haben sich die Menschen berauscht. Aber nicht einfach aus einer Laune heraus, sondern mit Grund. Und ein Grund findet sich immer für ein Zu-Sein. Der Rausch – philosophisch gedacht, ontologisch gefasst, will sagen, auf das Sein bezogen – muss als »sich verengendes Sein« begriffen werden. Ein allmählicher Prozess von Seinsverengung kommt in Gang und endet im Hinübersein und gelegentlich auch im Wegsein. Das Wegsein darf als rein mentaler Topos gedacht werden. Wer sich im Wegsein befindet, konnte das Bewusstsein zum Erliegen bringen und macht unbewusste Erfahrungen im Nichts. Im Wegsein hält sich der im Volldampf Befindliche im »leeren Raum« auf. Bewusste Wahrnehmungen sind nicht mehr möglich. Überschreitet der Berauschte in der Selbstverlorenheit eine gewisse Grenze, so betritt er theologisches Terrain, das man im oktoberfestlichen Kontext als »Hinübersein« bezeichnet. Es handelt sich dabei um das letzte Sein auf der Wiesn. Um das sogenannte Koma! Im Gegensatz zum »verengenden Sein« zeichnet es sich durch Weite aus und kann als weites, ganz breites, als sogenanntes Breitsein beschrieben werden. Dieses spirituelle Territorium wird erreicht durch Fehleinschätzungen des eigenen Fassungsvermögens. Falls es in Einzelfällen so weit kommen sollte, ist eine Erstversorgung durch medizinisches Fachpersonal angezeigt. Rückkehrer aus dem »Hinübersein« berichteten von tief religiösen Erlebnissen in der Nähe des Absoluten. Sie hätten Gott geschaut, und er habe mit ihnen gesprochen. Sie wussten aber oft nicht, was er gesagt hatte, weil durch den Alkohol die Wahrnehmung stark eingeschränkt gewesen sei.

Das ist in solchen Zuständen das Normale. Das kann man schon so sagen. Der bewusst herbeigeführte Rauschzustand hatte von Anfang an religiöse Motive. Der Kult verlangte eine volle Dröhnung, einen göttlichen Dampf, um mit den örtlichen Gottheiten in Kontakt zu kommen. Nüchtern waren die Götter nicht ansprechbar. Sie haben nur mit den Rauschigen geredet. Der Rausch ist von Anbeginn ein Zustand höherer Kommunikation. In den alten Hochkulturen, im Zweistromland zwischen

Euphrat und Tigris, Mesopotamien und Ägypten war der Rausch religiös notwendig.

Insofern ist es durchaus logisch, dass die Mönche bei uns auch immer gesoffen haben. Der Rausch ist eine hochkulturelle Angelegenheit.

Aber mit der zunehmenden Aufklärung kam immer mehr die Vernunft in Mode. Dadurch wurde der Rausch kulturell immer mehr zurückgedrängt, bis er schließlich sogar öffentlich geächtet wurde. Auf einmal waren die Besoffenen stigmatisiert als Alkoholiker. Der Rausch hat an Ansehen verloren.

Dabei wird ganz außer Acht gelassen, welche Kräfte der Rauschwillige entwickeln muss, um in seinem Hirn biochemische Prozesse in Gang zu setzen, die ihm völlig neue Erfahrungen ermöglichen: Gleichgewichtsstörungen, Schwindelgefühle, Übelkeit.

Das kennt doch jeder, der mal sturzbesoffen ein Auto gesteuert hat. Man hat dabei den Eindruck, die Bordsteine würden die Straße immer weiter verengen, sodass die Straße in der Ferne in einem Trichter endet. Das liegt nicht an den objektiven Gegebenheiten, sondern nur an der »neuen« Perspektive des Rauschigen.

Es kommt daher immer wieder zu unterschiedlichen Auffassungen von wirklichen Zuständen, weil nicht jeder immer das Rauschniveau des anderen erreicht und auch immer wieder nüchterne Zeitgenossen mit auf der Wiesn unüblicher Wirklichkeitswahrnehmung auf komplett Betrunkene treffen und versuchen, Übereinstimmung bezüglich der sie umgebenden Wirklichkeit herzustellen.

Diese unterschiedlichen Wahrnehmungsniveaus im Gemüt der Menschen führten immer wieder zu komischen und spannenden Kontakten untereinander.

Der Rausch markiert eine Abweichung vom allgemein Üblichen. Für die Wiesn ergibt sich aus diesen Überlegungen: Der Rausch ist das Normale und damit das allgemein Übliche.

Und da kann es schon sein, dass einer glaubt, er sieht nicht richtig.

»›Oweh Agnel, was ist aus dir entstanden?
Du bist ja weder zwei noch einer mehr!‹
Wie sich die beiden Köpfe so verbanden
Sah ich die zwei Gesichter untergehn
In ein Gesicht, worin die zwei verschwanden.«

*(Dante Alighieri, Göttliche Komödie,
XXV. Gesang, Hölle)*

Die erste Maß und weitere

Immer wieder hört man, dass die erste Maß an Geschmack nicht zu übertreffen sei und einfach »unglaublich guad« schmecke. Warum ausgerechnet der Genuss einer ersten Wiesnmaß geschmacklich etwas ganz anderes sein soll als bei einer zweiten und sich grundlegend unterscheide vom Genuss einer ersten Maß auf einem anderen Volksfest, beispielsweise dem Frühlingsfest, wo ebenfalls Festbier ausgeschenkt wird, ist für den Fremden nicht sofort nachvollziehbar. Aber nachdem er eine erste Wiesnmaß getrunken haben wird, wird er ohne Zweifel ebenfalls in den Chor aller Wiesnbierliebhaber einstimmen und nach Absetzen des leeren Maßkruges zugeben, dass es unbandig guad schmecke, so guad, wie eben nur eine erste Maß schmecken könne. Freilich kann ein solches Urteil nur aus dem Mund eines geübten Bierfreundes kommen. Denn jeder interessierte Gerstenfreund wird ohne viel Widerspruch sofort einsehen, dass die geschmackliche Güte eines Bieres nur treffend einzuschätzen weiß, wer über eine gewisse vergleichende Erfahrung im Trinken von Festbieren verfügt. Die vergleichende Bierforschung ist in Bayern eine weitverbreitete Wissenschaft, die in allen Bevölkerungsschichten betrieben wird. Während Ihres Wiesnaufenthaltes werden Sie Gelegenheit haben, die Biere der in München ansässigen Brauereien zu genießen.

Man spricht auch vom Mythos der ersten Maß, dem sich alte, erfahrene Wiesnbesucher willig hingeben. In der Rede vom Mythos der ersten Maß werden Erinnerungen wachgehalten an gemeinsame Gemütlichkeitserfahrungen, an längst vergangene Wiesngeschichten, die von drangvoll durchlebten Nöten in längst vergangenen Wiesnzeiten handeln. Am Ende dieser Geschichten wird einem Helden gehuldigt, der nach vielen Wiesnmaßen, acht bis zehn oder noch mehr waren es mit Sicherheit, ein besonderes Abenteuer bestehen musste. Meistens geht es in diesen Erzählungen um Orientierungslosigkeit, um Heimatferne, Verlorenheit und Kraftlosigkeit infolge der vielen Maßen Wiesnbieres, die einer damals in der Lage war zu trinken, in der Annahme, trotz allem Herr seiner Sinne zu bleiben. Diese Geschichten beginnen immer mit der ersten Maß und enden immer mit einem Happy End, in dem glückliche Umstände dazu führen, dass der Held in einer Ausnüchterungszelle unter der sichernden Obhut der bayerischen Polizei seinen Rausch ausschlafen konnte.

»Aber so was passiert uns heit nimmer!« Erwähnen Sie vielsagend und bestellen die zweite Maß. Die zweite schmeckt ebenso gut, trinkt sich aber nicht so schnell weg wie die erste. Geschmacklich besteht kein Unterschied zur ersten, aber viele glauben, die Unglaublichkeit des Geschmackes der ersten Maß beim Trinken der zweiten hinterfragen zu müssen. Durch diese kritischen Einschübe kommt es zu Verzögerungen, sodass die zweite in Gefahr gerät, warm zu werden. Ein warmes Bier gibt geschmacklich seine Inhaltsstoffe leichter an den Gaumen ab. Dadurch können die Aromen intensiver über Zunge, Gaumen und Nase aufgenommen werden. Allerdings bevorzugen viele Biertrinker ein kühles Bier und verzichten lieber auf geschmackliche Intensivierungen, deshalb muss die zweite Maß nach genauer Analyse schnell ex getrunken werden.

Die dritte Maß ist für den erfahrenen Wiesnbesucher »die selbstverständliche«. Nach der zweiten sind alle Prüfungen abgeschlossen, und man konzentriert sich auf die Frage aller Fragen: »Wie vui trinken wir denn heut?« Wobei eine durchaus übliche Antwort darauf sein kann: »Jetzt trinken wir erst einmal die, und dann no die nächste.«

Die nächste wäre die vierte, die aber viele gar nicht mehr erleben, weil sie schon bei der dritten die Kondition verlassen hat. Die vierte ist nur anzuraten für Wiesnfreunde, die eine dritte Maß noch vertragen. Wer will das beurteilen? So was liegt immer im individuellen Ermessen. Wer allerdings eine dritte getrunken hat, kann auf eine vierte meistens nicht verzichten. Die vierte Maß ist eine reine Durstmaß, weil man nach der dritten einen unglaublichen Durscht hat und deshalb die vierte Maß eine Überlebensmaß darstellt, die zum Flüssigkeitsausgleich unumgänglich ist. Die vierte ist deshalb auch als Ausgleichsmaß bekannt.

Die fünfte ist eine neutrale Bestellmaß, die hie und da nur noch angetrunken wird, um sie stehen lassen zu können. Sie wird auch manchmal die einsame Maß genannt, die ihren Trinker schmerzlich vermisst. Es ist eine ganz traurige Maß! Und spätestens jetzt werden Sie bemerken, dass das, was Sie zu sich genommen haben, auch wieder rauswill.

Dann lernen Sie einen äußerst wichtigen Raum auf der Wiesn kennen, in dem sich früher oder später alle treffen: die Toiletten, wo aufgrund der übermäßigen Flüssigkeitsaufnahme viele Menschen gleichzeitig versuchen, die Flüssigkeiten wieder loszuwerden.

Fremder, wenn du in einem anderen Kulturkreis ankommst, halte dich an die ortsüblichen Hygieneregeln. Manchmal befinden sich in den Toiletten Hinweise wie dieser: Bitte verlassen Sie den Ort so, wie Sie ihn vorzufinden wünschen. Solche Forderungen reizen oft zum Lachen, ob des vorgefundenen Zustandes. Einige Schlussfolgerungen drängen sich auf: Einmal scheint es viele Menschen zu geben, die seltsame Vorstellungen davon haben, wie sie jenen stillen Ort vorzufinden wünschen, oder aber sie können nicht lesen. Oder aber sie können lesen, sind aber aus unerklärlichen Gründen nicht in der Lage, den Hinweis in die Praxis umzusetzen.

Viele versuchen daher, sich den Besuch der Toilette so lange wie möglich zu ersparen. Irgendwann geht es aber nicht mehr. Der Harndrang ist nicht mehr zu bändigen und wird akut beim Aufstehen. Durch Veränderung der Körperhaltung vom passiven Hocken zum aktiven Schreiten wird die überfüllte Blase in Unruhe versetzt und schreit nach sofortiger Entlastung, und dann bleibt Ihnen nichts anderes übrig, als wild draufloszubiesln.

Einmal abgesehen davon, dass es immer ein interessantes Schauspiel ist, wenn eine Person unter freiem Himmel tut, was sie tun muss, weil der körperliche Drang keinen Aufschub mehr gewährt, sollten Sie sich auf keinen Fall dabei erwischen lassen. Falls man Sie nämlich bei einer Notdurft im Freien ertappen sollte, werden Sie mit einer Ordnungsstrafe rechnen müssen. Das sollte Ihnen dann aber auch wieder ziemlich wurscht sein, wenn Sie nicht mehr anders können.

Bierpreis und Grant

Es gibt in Bayern stärkere Biere und leichtere Sorten. Export, Pils, Weizen, obergärig und untergärig, trüb und klar, mit und ohne Hefe, wir haben das volle Angebot. Das Wiesnbier hat es in sich. Es ist stärker als das normale Helle. Am stärksten ist natürlich das Starkbier, das zu Beginn der Fastenzeit ausgeschenkt wird. Das Helle weist einen Alkoholgehalt von ungefähr fünf Prozent auf und wird in Bayern zu jeder Tageszeit getrunken. Beim Wiesnbier handelt es sich um ein Märzenbier, das ursprünglich im März gebraut wurde.

Nach der bayerischen Brauordnung von 1539 war es nämlich verboten, zwischen dem 23. April und dem 29. September Bier zu brauen. Grund war eine in den Sommermonaten erhöhte Brandgefahr beim Biersieden. Also mussten sich die Brauer etwas einfallen lassen, um das Bier auch im Sommer anbieten zu können. Um das beliebte Getränk haltbar zu machen, brauten sie ein Bier mit erhöhter Stammwürze (ungefähr 14 Prozent), mehr Alkohol (sechs bis acht Prozent) und mehr Hopfen. Dadurch erreichten sie eine längere Haltbarkeit. Das Bier benannte man nach dem letzten Monat, in dem es gebraut werden durfte. Das »Märzenbier« wurde in den Bierkellern eingelagert und hielt mit viel Eis bedeckt den Sommer über, bis die letzten Fässer zu Beginn des Herbstes getrunken wurden. Ab 29. September ging dann wieder die neue Brausaison los.

Die Zeiten der Brauordnung von 1539 sind vorbei. Heute darf das ganze Jahr über gebraut werden, und die Münchner Brauereien machen von ihrem Recht regen Gebrauch und freuen sich über die rege Nachfrage beim Endverbraucher.

Ganz besonders auf der Wiesn, die ist ein Riesengeschäft. Rund eine Milliarde Euro kommen rein. (Wo genau, weiß keiner ganz genau, beziehungsweise die, die es genau wissen, sagen es nicht.) Ungefähr die Hälfte davon fließt aber in die Stadtkasse. Die Kommune erhebt Gebühren für Stellplätze, verlangt Pachten und Grundmieten, Abgaben und Steuern für alles Mögliche, um die Bürger abzukassieren. Selbstverständlich geschieht heute alles auf rechtlich gesicherter Grundlage. Und falls eine Sache gerichtsmassig wird, fällt kein Kaiser das Urteil, sondern ein unabhängiges Gericht. Manchmal entscheidet auch eine »unabhängige« Vergabekommission, wenn es zum Beispiel darum geht, wer auf der Wiesn zum Geldverdienen zugelassen wird.

Denn nicht jeder Wirt wird Wirt auf der Wiesn. Der Prinz Luitpold von Bayern, ein Urururenkel des Kronprinzen Ludwig, hat schon einiges angestellt, um auf dem Oktoberfest sein Kaltenberger Bier verkaufen zu dürfen. Aber alle seine Versuche, eine Lizenz zum Ausschank auf der Wiesn zu bekommen, schlugen fehl. Einmal ist er von Kaltenberg bis nach München gefahren mit einem aus mehreren Pferdegespannen bestehenden Zug, um gegen die Ungerechtigkeit zu demonstrieren, dass auf dem Oktoberfest nur Münchner Brauereien zugelassen werden.

Das mit dem Münchner Bier ist nämlich so eine Sache. Es gibt vier Bierlieferanten in München. Die belgisch-brasilianische InBev-Gruppe, zu der Spaten-Löwenbräu gehört, die niederländische Brauerei Heineken, zu der Paulaner, Hacker und Pschorr gehören, und als Münchner Brauereien Augustiner-Bräu und der Staatsbetrieb Hofbräu. Ganz unrecht hat der Prinz also nicht, wenn er behauptet, die Stadt München verteidige diese Großkonzerne und halte die bayerischen Brauereien draußen. Es gibt tatsächlich noch rein bayerische Betriebe wie Andechs und Weihenstephan, aber ob die Schlossbrauerei Kaltenberg dazugehört, ist fraglich. Es gibt Leute, die behaupten, dass des Prinzen Brauhaus mit Warsteiner verbandelt wäre, und zu Warsteiner hört man immer wieder aus bayerischem Munde, »dass ma des net saufa ko!«.

Der königliche Spross, wie ihn die Münchner Presse leicht ironisch betitelt, hat schon viel versucht, um auf die Wiesn zu kommen. Einmal errichtete er im Babenberger Haus zu München extra eine kleine Braustätte, um die Bedingung der Stadt München zu erfüllen, nach der nur Münchner Bier auf dem Oktoberfest zugelassen wird. Doch wieder gab es einen ablehnenden Bescheid. Wir sind gespannt, was er sich noch alles einfallen lassen wird, um sein Ziel zu erreichen. Komisch ist das schon, dass er einfach nicht durchkommt mit seinem Anliegen. Wir vermuten, dass es unter anderem daran liegen könnte, dass der Wittelsbacher Prinz ganz einfach zu wenig Spezln in München hat, sonst gäb es nämlich längst königlich-bayerisches Bier auf der Wiesn.

Bei so viel Ungerechtigkeit könnte man gut verstehen, wenn der Prinz einen richtigen Grant schieben würde. Der Grant ist eine gewöhnliche, alltägliche Gemütsstimmung, ein Dauerzustand, eine leichte seelische Anspannung, in der sich der Bayer grundsätzlich ärgerlich zeigt. Der Grant wird nicht affiziert durch ein Ereignis, an dem er sich entzündet. Die Welt ist insgesamt ärgerlich, aber es rentiert sich kaum, dass man sich darüber aufregt. Man könnt sich direkt echauffieren, wenn man darüber nachdenken tät, drum lieber nicht darüber nachdenken, weil man sich sonst noch ärgern müsst. Ungefähr in diesem Gedankengang läuft ab, was als Grant beim Mitmenschen ankommt. Die sprachliche Ausformung dieser Stimmung ist abhängig vom jeweiligen konkreten Anlass, in dem der Grant hörbar wird. Wahrnehmbar ist er auch, wenn der Bayer nichts sagt.

Die bayerische Seele schwankt immer zwischen Grant und Phlegma, und sie findet ihren Spiegel im weißblauen Himmel, der mit Schäfchenwolken bedeckt ist. Ein idyllisches Bild. Aber leider befinden sich kleine Wölkchen darin, die sich zu Gewitterwolken entwickeln können. Das Unwetter ist in der Wolke schon angelegt, auch wenn die Sonne scheint und niemand an ein Gewitter denkt. Es kann eben umschlagen.

Genau wie der Bayer. In der Seele ist ein blauer Himmel aufgespannt, aber es kann sich immer etwas zusammenbrauen. Sanft ist er schon, der Bayer, aber auch stürmisch, aus heiterem Himmel kann der Bayer »stocknarrisch« werden. Dann befindet er sich im Extrem seiner seelischen Möglichkeiten und ist außer sich. »Ich hab mi nimmer kennt!«, sagt er hinterher oft, wenn es schon zu spät ist. Dieser Seelenzustand ist ein äußerst gefährliches Stadium, im dem der Bayer zu allem fähig ist. Hass, Mord und Totschlag. Aber auch andere Extreme wie Liebe können ebenfalls mit dem Außer-sich-Sein und dem »Nicht-mehr-Kennen« seiner selbst einhergehen. Der Bayer ist damit heimatlos geworden, weil er nicht mehr bei sich ist.

Heimatlosigkeit empfindet der Bayer als schlimmstes Unglück. In der Heimatlosigkeit ist ihm alles verloren gegangen, was er zu seinem Lebensglück braucht. Geborgenheit im Herrgottswinkel, Gemütlichkeit in der Enge der »Stubm«, wo er bei sich sein kann und seine Ruhe hat. Der Bayer möchte immer sei Ruah haben, die aber aus der Grundstimmung seines Grants kaum erreichbar ist. Die ersehnte Ruhe kann ja jeden Moment durch Grant gestört werden. Also hat der Bayer den Grant als festes Element in die Ruhe eingebaut. Das Ideal der bayerischen Ruhe ist erreicht, wenn Widerspruchsfreiheit herrscht. In dieser mentalen Lage ist er bei sich und kennt sich. Wenn sich der Bayer kennt, ist er seelisch daheim und befindet sich im Einklang mit der Welt.

Auch wenn er immer ein bisserl vor sich hin grantelt, immer gern mosert und meckert, bringt ihn doch so schnell nichts aus der Fassung. Der Bayer fährt nicht bei jedem geringen Anlass gleich hoch. Hochfahrend ist er ganz und gar nicht. Aber er hält seine seelische Betriebstemperatur konstant. Er traut den Dingen nicht, er ist von Haus aus skeptisch, man könnte ihn als einen Stand-by-Kritiker beschreiben, der zwar sofort imstande ist, voll aufzudrehen, aber eigentlich keine Lust dazu hat. So kann der Bayer sehr viel in grantelnder Gelassenheit ertragen. Die SPD, die CSU, Korruption, seine Staatsregierung, Politik sowieso, das Leben. Der Bayer ist nie ganz cool, absolute Gemütsruhe kennt er nicht. Man möge sich in diesem Punkt bitte nicht täuschen, auch wenn er äußerlich ganz ruhig wirkt, glimmt und glost er innerlich. Der bayerische Grant ist im Gemütskern des typischen Bayern immer aktiv. Mal mehr, mal weniger. Er brodelt immer vor sich hin wie ein Tafelspitz, der langsam vor sich hin zieht, bis er fertig ist.

Seinen persönlichen Siedepunkt erreicht der Bayer allerdings relativ schnell, wenn es um die Erhöhung des Bierpreises geht. Es kam in der ruhmreichen bayerischen Geschichte einige Male zu Ausschreitungen, ja zu regelrechten Bierkrawallen, Aufständen und Bierkriegen. Auslöser war immer wieder die Festsetzung des Bierpreises. In Bamberg brach 1907 ein Bierkrieg aus. Die Bamberger wollten die Erhöhung von zehn auf elf Pfennig für die Halbe Bier nicht hinnehmen und eröffneten die Kämpfe.

1910 kam es in Dorfen in Oberbayern zu Brandstiftungen. Der Bierpreis wurde von 24 auf 26 Pfennig pro Liter Bier erhöht. In den Zeitungen stand: »Die Welt geht unter!« Na ja, Journalisten müssen halt immer übertreiben.

In der *Süddeutschen Zeitung* schreibt der Journalist Hans Kratzer, »das Bier sei einer der großen Schmierstoffe der bayerischen Geschichte«. Geschmiert ist in Bayern zu allen Zeiten bestimmt viel geworden. »Das Bier brachte viel Segen über das Land, aber auch Nöte.« Mei, wie das halt so ist mit Drogen. Für den Dealer, in dem Fall den Bräu, ist es ein Segen, wenn viel davon getrunken wird, und für die anderen, die zu viel davon erwischen, ist es weniger segensreich. Es muss halt das rechte Maß gehalten werden. (Das ist kein grammatikalischer Fehler! Es muss wirklich das Maß gehalten werden, zumindest in ethischer Hinsicht. Ansonsten hält der Biertrinker selbstverständlich die Maß!)

Das rechte Maß halten ist auf der Wiesn allerdings extrem schwer. Der Durst ist groß, der Tag ist lang, was soll man machen? Verständlich ist es, dass man auf der Wiesn auch mal eine Maß mehr trinkt als sonst. Trotzdem wird immer weniger Bier getrunken, jammern die Brauereibesitzer. Das liegt vor allem daran, dass die Promillegrenze im Straßenverkehr von 0,8 Prozent auf 0,5 Prozent gesenkt wurde. Es setzt sich kaum noch einer mit einem leichten Dampf ans Steuer. Dadurch kommt es vielleicht zu weniger Unfällen, aber es wird halt auch weniger Bier getrunken. Dabei ist Bier eines der gesündesten Getränke. Es hilft praktisch gegen alles. Es beugt vor gegen Herzinfarkt und Krebs, es senkt das Schlaganfallrisiko und den Blutdruck, es sichert die männliche Potenz, es sorgt für eine reine Haut, es regt die Nierentätigkeit an, es macht die Knochen stabil, und was mich doch sehr erstaunt, es verbessert das Erinnerungsvermögen! Das belegen Studien der amerikanischen Herzgesellschaft. Bier hilft demnach, Alzheimer und Demenz zu lindern. Weil dadurch vermutlich die Stimmung im Altersheim griabiger ist. Komisch ist nur, dass ich persönlich andere Erfahrungen gemacht habe. Ich kann mich nach einigen Maß nicht mehr erinnern, was geschehen ist. Vermutlich habe ich noch zu wenig getrunken. Was ich aber bestätigen kann: Bier hilft ganz enorm gegen Stress! Das haben Wissenschaftler aus Montreal herausgefunden. Bier wirkt sehr beruhigend und kann sogar zum Tiefschlaf verhelfen. Außerdem hilft Bier bei Entzündungen, es versorgt Schwangere mit Folsäure, beugt Magengeschwüren vor, indem es die Bildung des Bakteriums Helicobacter pylori hemmt. Alle diese Hinweise habe ich einer Website der deutschen Brauereiwirtschaft entnommen, und ich habe keinen Grund, am Wahrheitsgehalt dieser Informationen zu zweifeln.

Bier ist ein Allheilmittel. Deshalb wundert es mich nicht, dass auf der Wiesn so viele Menschen ihr Heil im Bier suchen. Und bei so viel Heilwirkung ist es doch verwunderlich, dass das Bier nicht in Apotheken verkauft wird, sondern in Wirtschaften. Preislich liegt es schon auf Apothekenniveau. Zurzeit liegt der Preis für die Maß auf der Wiesn bei ungefähr 8,60 Euro. Bei so viel Heilkraft ist jeder Cent gut angelegt.

Dummerweise gibt es aber auch Menschen, die nach der Devise handeln *Viel hilft viel* und dadurch die gesundheitsfördernde Wirkung des Bieres schwächen und oft genug ins Gegenteil verkehren.

Immer öfter hört man von Alkoholmissbrauch und der bei Jugendlichen verbreiteten Sitte des Komasaufens. Es scheint bei jungen Menschen den Wunsch zu geben, möglichst schnell das Bewusstsein zu verlieren. Das ist schade, zumal bei einigen dieser Komatrinker das Bewusstsein noch nicht ganz voll entwickelt ist. Aber die jungen Menschen wollen eine Gaudi haben, und dazu gehören nun mal ein paar Drinks. Eine Maß Bier wird kaum jemand als Drink bezeichnen, schon gar nicht als Longdrink, obwohl man bei einem Liter Bier schon eine gewisse Zeit verbringen kann. Wer aber möglichst schnell, sagen wir es ruhig, besoffen sein möchte, der sollte sich nicht lange mit Bier aufhalten. Der in Aussicht gestellte Rausch steht in keinem Verhältnis zum Aufwand an Flüssigkeit, die man zu sich nehmen muss, »um etwas zu merken«. Mit ein paar »Kurzen«, Obstler oder Wodka, erreicht der Freund des Alkohols schneller sein Ziel.

In letzter Zeit wird immer öfter auf Alkoholmissbrauch hingewiesen. Vor allem die Drogenbeauftragte der Bundesregierung hört nicht auf, davon zu reden. Als wenn es nichts Wichtigeres gäbe als diesen Alkoholmissbrauch, mag sich Lothar Ebbertz gedacht haben, als er von den Angriffen der Drogenbeauftragten auf sein Produkt, das Bier, Kenntnis nehmen musste. Lothar Ebbertz ist als Lobbyist für die bayerische Brauwirtschaft tätig. Und er arbeitet am liebsten im Stillen. Obwohl er wahrscheinlich am liebsten laut auf den Tisch hauen würde, wenn dauernd von Alkoholmissbrauch die Rede ist. Das Wort hört man bei der Brauereiwirtschaft gar nicht gern. Es passt nicht ins Konzept, schon gar nicht auf dem Oktoberfest, wo zwar jener viel gescholtene Alkoholmissbrauch gut zu studieren wäre, es aber die Stimmung trüben würde, spräche man darüber zu laut. Das waren jetzt ein bisschen viele Konjunktive auf einmal. Aber im Konjunktiv lässt sich in Bayern mehr zur Sprache bringen als in jeder anderen Form. Der Konjunktiv verweist auf eine Möglichkeit. Und möglich ist immer alles. Auch der Missbrauch von Alkohol.

Bei Sportvereinen soll nicht mehr für Bier geworben werden dürfen. Auweh! Grade dort spielt das Bier eine herausgehobene Rolle. Die Lichtgestalt, der Kaiser höchstpersönlich, macht Werbung für ein Weißbier! Eine andere, nichtbayerische Brauerei verspricht in ihrer Werbung, dass ein Teil vom Kaufpreis eines Kastens ihres Gerstensaftes zur Rettung des Regenwaldes abgeführt wird. Da fehlt eigentlich nur noch der Slogan: Komasaufen für die Rettung des Regenwaldes. Aber so weit wollen die Werbestrategen dann doch nicht gehen. Der Zynismus wäre zu offensichtlich. Eine Diskussion über Alkoholmissbrauch und Bierabstinenz zu führen, ist auf der Wiesn jedenfalls nicht ratsam, weil zum richtigen Gebrauch der Wiesn auch der richtige Gebrauch der Maß gehört.

Falls nun doch einer zu viel des guten Wiesnbieres erwischt und mittendrin feststellen muss, dass er nicht so viel verträgt, wie er ursprünglich angenommen hatte, so kann er auf eine hervorragende ärztliche Versorgung hoffen, und manchmal sind die Helfer auch gleich zur Stelle. Hoch qualifizierte Sanitäter des Roten Kreuzes und anderer Samariterorganisationen werden alles in ihrer Macht Stehende unternehmen, um Sie, falls es nötig sein sollte, zu retten.

Bei einem Vollrausch erschöpft sich die medizinische Erstversorgung im Abtransport der Bierleiche. Die Sanitäter verfügen alle über eine große Erfahrung und wissen in der Regel, was zu tun ist. Vorausgesetzt, es ist noch etwas zu tun. In seltenen Fällen sind Wiederbelebungsversuche zwecklos und man überstellt die Leiche der Münchner Gerichtsmedizin zur Begutachtung. Auch in dieser Abteilung bemühen sich nur hoch qualifizierte Pathologen um Ihre sterblichen Überreste.

Übrigens, Bestattungen und sonstige Totenkulte finden auf der Wiesn nicht statt. Ein wiesneigener Friedhof ist auf dem Festgelände nicht zu finden und auch zukünftig nicht vorgesehen. Falls jemand also beabsichtigt, auf dem Oktoberfest aus dem Leben zu scheiden, so wird man ihn kaum daran hindern können. Allerdings ist die Weiterreise ins Jenseits von der Wiesn aus nur über die üblichen Gates und Terminals möglich. Die Pathologie der Universität München ist in wenigen Minuten zu erreichen. Gegenüber befindet sich ein sehr empfehlenswerter Gottesacker, der Alte Südfriedhof, auf dem einige bedeutende Münchner Persönlichkeiten die letzte Ruhe gefunden haben. Der Apotheker und Maler Carl Spitzweg hat dort seine Grabstätte. Ein Besuch lohnt sich in jedem Fall. Wir glauben aber, dass man von diesem Friedhof mehr hat als Lebender denn als Verstorbener.

Freilich gibt es jedes Jahr eine Vielzahl von Bierleichen, die aber überwiegend wieder in das Reich der Lebenden zurückkehren. Meistens genügt eine Ausnüchterung, hierzu stellt Ihnen die Wiesnwache eine kostenlose Übernachtungsmöglichkeit zur Verfügung. Bei größeren Verletzungen infolge allzu intensiven Körperkontakts mit einem Banknachbarn werden die Patienten auf eine fahrbare Trage gelegt und, falls nötig, in die Notaufnahme der Chirurgischen Klinik in der Nussbaumstraße gebracht, um die lebensnotwendigen Körperfunktionen zu stabilisieren. Besonders erfreut ist man in der chirurgischen Abteilung der Unfallmedizin über Kopfverletzungen infolge übermäßigen Alkoholgenusses. Immer wieder kommen Menschen beiderlei Geschlechts mit blutenden Kopfplatzwunden in die Ambulanz, um sich dort medizinisch behandeln zu lassen. Studenten der Medizin heißen Sie herzlich willkommen und freuen sich auf das Nähen Ihrer Wunden. Bei besonders intensiver Alkoholeinwirkung kann auf eine lokale Anästhesie verzichtet werden. Bitte bedenken Sie, dass die Studenten sich in der Ausbildung befinden und eventuelle Fehlstiche ohne Absicht erfolgen. Sie werden jedenfalls alles in ihrer Macht Stehende tun, um Ihr Loch im Kopf zu flicken.

Selbstverständlich werden auch harmlosere Verletzungen routiniert erledigt. Aber mehr Freude können Sie einem Arzt bereiten, wenn Sie ihm eine ungewöhnliche Herausforderung seiner Kunst abverlangen. Bevor

Sie sich jedoch einer Behandlung unterziehen, sollten Sie unbedingt eine Narkosemaß verlangen, damit Sie die Behandlung des Stud. Med. (Student/in der Medizin) schmerzlos überstehen. Sollten Sie dabei an dem Studenten eine gewisse Nervosität feststellen, animieren Sie ihn entschlossen zu einer Beruhigungsmaß. Man wird jedenfalls alles tun, um Sie möglichst schnell wieder wiesntauglich zu machen.

Vernünftige Unvernunft

Wenn's nix waar, dann waar's scho lang wieda weg! Wir haben diese kluge Bemerkung schon einmal kurz anklingen lassen. Eine kürzere und treffendere Definition für die Bedeutung der Wiesn wird sich so leicht nicht finden lassen, aber wenn wir es dabei beließen, würde dieses Buch relativ dünn werden, deshalb hier die Langform einer Erklärung des Phänomens Wiesn.

Die Frage nach dem *Must* ist gar nicht so leicht zu beantworten, denn oberflächlich betrachtet handelt es sich »nur« um ein einfaches Volksfest der Münchner Art mit allem, was dazugehört, mit traditionellen und modernen Fahrgeschäften (Riesenrädern, Loopings, Hurricans), einer Vielzahl verschiedenster Buden und allem, was der Mensch sonst noch braucht, um richtig einen draufmachen zu können.

Natürlich dürfen dabei gastronomische Angebote in kleineren und größeren Bierzelten nicht fehlen. All das und einiges mehr findet sich auf dem Oktoberfest in

München, und doch ist damit das Besondere des Festes noch lange nicht ausreichend beschrieben. Es muss eine unverwechselbare Besonderheit geben, eine singuläre Eigenheit, die eindeutig nur und mit nichts anderem sonst als mit dem Oktoberfest in München in Verbindung gebracht wird.

Von der Wiesn geht eine Strahlkraft aus, eine Faszination, die sie zu einem außergewöhnlichen Event macht, dem sich kein vernünftiger Mensch entziehen kann. Selbstverständlich gibt es auch unvernünftige Menschen, die sich dem Oktoberfest nicht entziehen können. Freilich fällt es denen leichter als den Vernünftigen. Der vernünftige Mensch braucht halt noch eine Überlegung mehr, bis er zur Einsicht gelangt, dass die Wiesn – im philosophischen Sinne – eine Wirklichkeit ist, der man weder als vernünftiger noch als unvernünftiger Mensch entkommt.

Ich weiß nicht, ob der Philosoph Georg Wilhelm Friedrich Hegel, oder wie wir ihn in Bayern nennen, »der Hegel Schorsch«, einmal auf dem Oktoberfest war. Rein theoretisch könnte er dort gewesen sein. Wenn Sie mich fragen, war er mit Sicherheit dort, weil sonst hätte er auf manches, was uns bis heute an seinem Denken besonders fasziniert, gar nicht kommen können. Was er nämlich zur Identität von Denken und Sein sagt, trifft auf das Phänomen »Oktoberfest« in einem Ausmaß zu, dass man nur ehrfürchtig staunen kann. Die Wiesn ist ja ein Phänomen. Im philosophischen Sinne Hegels heißt das, dass die Wiesn eine Erscheinung ist. Das steht ja außer Frage. Aber die Wiesn erscheint uns ja nicht nur, sie ist ja wirklich da. Sie ist eine wirkliche Erscheinung. Der Hegel sagt, und ich vermute, er ist draufgekommen, nachdem er ein paar Maß intus gehabt hat: »Was wirklich ist, das ist vernünftig, und was vernünftig ist, das ist wirklich.« Hast mi? Wenn ich nicht wüsste, dass der Hegel ein Schwabe war, würde ich sagen, der Hegel war ein Bayer, weil er dermaßen klar denkt.

Allein weil die Wiesn in der Welt ist, ist sie schon vernünftig! Da gibt es allerdings Leute, die behaupten, das wäre ein Schwachsinn. Mei, was soll man dazu sagen, es gibt halt immer auch Leute, die sich jeder Einsicht verweigern. Vielleicht können sie auch nicht anders. Diese Evidenzverweigerer legen jedenfalls Widerspruch ein und sagen, dass das ein Krampf wäre. Der Hegel habe es ganz anders gemeint, genau im umgekehrten Sinne. Vernünftig ist das Wirkliche nur zu einem bestimmten historischen Zeitpunkt, wo es sich durchsetzt gegen das Unvernünftige, das zeitweise als das scheinbar Vernünftige auftritt, sozusagen verkleidet, im Gewand der Vernunft. Und dann kommt der geschichtliche Prozess daher, der unaufhaltsam fortschreitet und einen Widerspruch nach dem anderen aufhebt. So ist er, der Weltgeist, der im Geschichtsprozess unaufhörlich wirkt. Der reißt dem scheinbar Vernünftigen das Gewand herunter, und alle Welt sieht, dass nichts dahinter war – außer einer Unvernunft, die sich vernünftig aufgeführt hat. Es erscheint ein Nichtseiendes. Eine Leere bleibt zurück, wird kurz sichtbar, und das wirklich Vernünftige behauptet sich. Das bewirkt der dialektische Denkprozess. Wir erkennen, dass nicht alles Unvernünftige vernünftig ist, sondern alles Vernünftige wartet geduldig darauf, in den Zustand des Unvernünftigen zu geraten, um endlich aufgehoben zu werden auf einer höheren Vernunftebene. So vollzieht sich der stete Wechsel von Vernunft zu Unvernunft und erreicht immer höhere Bewusstseinsebenen, wo sich eine höhere Unvernunft zu einer noch höheren Vernunft entwickelt. Und ganz zum Schluss wird die höchste Vernunft erreicht. Hoffentlich! So ungefähr hat sich der Hegel das gedacht, dass alles auf der Welt immer vernünftiger wird. Es ist allerdings nicht auszuschließen, dass ganz am Ende auf der höchsten Stufe eine höhere Unvernunft übrig bleibt. Das wäre blöd. Da kann man dann auch nichts machen, weil es dann halt einfach so ist, wie es sein muss.

Wenn wir Hegels Philosophie auf die Wiesn anwenden, dann repräsentiert sie den höchsten Zustand, den das Gemütlichkeitsbewusstsein bisher hervorgebracht hat. Unvernünftiger geht es nicht mehr, aber auch nicht mehr vernünftiger. Es ist ein absoluter Zustand von vernünftiger Unvernunft erreicht.

München leuchtet

Das Oktoberfest hat einen unbestreitbaren Vorteil. Es findet in München statt. Nun werden einige die Nase rümpfen und sagen, München könne auch ein großer Nachteil sein. Wir Einheimischen nicken an dieser Stelle, ohne gleich ganz genau zu wissen, warum. Am Oberbürgermeister liegt es nicht. Der macht alles richtig, und viele Münchner können sich nicht vorstellen, jemals von einem anderen regiert zu werden. Und ich fürchte, er selbst auch nicht. Irgendwie haben wir (oder bin es schon wieder nur ich?) das Gefühl, mit München stimmt etwas nicht. Doch warum wollen dann immer mehr nach München ziehen?

Vor allem wegen des hohen Freizeitwertes erfreut sich München großer Beliebtheit. Worin besteht der eigentlich? In erster Linie wohl in der günstigen Lage der Stadt. Von München aus erreicht man in relativ kurzer Zeit mit dem Auto die Alpen, wo der Münchner im Winter sich dem alpinen Skisport hingibt und im Sommer die Berge erwandert. An schönen Tagen trifft sich ganz München in Andechs, Aufham, Salzburg, Kitzbühel, Garmisch, Bad Tölz und Bad Wiessee. Wem das noch zu nah ist, der macht sich auf nach Italien, um sich am Gardasee oder in Verona zu vergnügen.

Der Freizeitwert Münchens besteht im Wesentlichen darin, die Stadt verlassen zu können, um schnell Orte der näheren und weiteren Umgebung zu erreichen. Man kann tatsächlich den Eindruck gewinnen, in München herrsche ein dauernder Fluchtimpuls. Alles will immer raus. Deshalb ziehen immer mehr Menschen in die Landeshauptstadt. Doch kaum sind sie sesshaft geworden in einem Loft, einem Penthouse oder einer Doppelhausvilla, fangen sie das Jammern an. Die Mieten seien brutal hoch, der Verkehr zu dicht, das Kulturangebot zu provinziell, die Gesellschaft zu hochnäsig und die Partys zu langweilig. Dabei merken viele gar nicht, dass sie selbst der Grund für alle diese Nachteile sind. Denn die Nachfrage nach München wäre nicht so hoch, wenn nicht so viele Menschen in München wohnen wollten. Aber es sind ja immer die anderen, die einem das Leben versauen.

Und überhaupt sei München gar keine echte Großstadt. Es fehle »das Gegensätzliche und Widersprüchliche«, wie man es in Berlin überall vorfände. In Berlin spiele die Musik, dort passiere etwas, was in München nicht passieren könne, weil es zu idyllisch, zu geschleckt, zu sauber und zu gemütlich sei. Wahrscheinlich trifft das alles auch irgendwie zu.

Wer mit offenen Augen durch München geht, der kann tatsächlich sehr gepflegte Straßen, Plätze und Anlagen genießen. Die Brunnen plätschern friedlich vor sich hin, die öffentlichen Blumenbeete sprießen in einer Lieblichkeit, dass man sich selber gleich begießen möchte. Die Müllabfuhr entsorgt zuverlässig, was von den Menschen in die Tonnen geworfen wird, und auch das, was von denselben Kulturmenschen auf den Straßen hinterlassen wird.

Die Straßenbahnen gleiten beinahe lautlos dahin, die U-Bahnen fahren unterirdisch, die S-Bahnen ebenfalls, Busse erreichen auch entlegenste Stadtteile. Der Englische Garten lädt zur Erholung ein, am Chinesischen Turm schäumt der goldgelbe Gerstensaft in den Maßkrügen, am Monopteros dampfen immer noch die Joints, exotisch anmutende Menschen schlagen Trommeln und verbreiten einen multikulturellen Groove, der als cooler Begleitsound über die grünen Freiflächen hallt. Unzählige Hunde verrichten ihre Geschäfte, und die Herrchen und Frauchen freuen sich über die großzügige Toleranz der Mitmenschen, den Vierbeinern ihren Lauf zu lassen. Und der Kleinhesseloher See lädt zur romantischen Kahnfahrt. Das ist die Vorzeigeseite der Stadt.

Kurz: München ist ein echter Luxus, allerdings einer, auf den man nicht verzichten kann, andernfalls lebte man ja in einer der vielen anderen schönen bayerischen Städte, in Weiden, in Hof oder auch Ansbach.

»München leuchtete« hat vor langer Zeit Thomas Mann behauptet. »Über den festlichen Plätzen und weißen Säulentempeln, den antikisierenden Monumenten und Barockkirchen, den springenden Brunnen, Palästen und Gartenanlagen der Residenz spannte sich strahlend ein Himmel von blauer Seide, und ihre breiten und lichten, umgrünten und wohlberechneten Perspektiven lagen in dem Sonnendunst eines ersten schönen Junitages.« Als der Dichter diese Zeilen hinschrieb, herrschte in München ein etwas anderer Zeitgeist als heute. Thomas Mann kam 1894 in die alte Residenzstadt und genoss in München die oft gerühmte Schwabinger Atmosphäre der Bohemiens. »Schwabing«, haucht mancher heute noch geheimnisvoll, da war was los, und man hat sofort das Gefühl, dass in der Schwabinger Vorstadtgesellschaft, in der sich Dichter, Maler, Weltverbesserer und Revolutionäre zusammenfanden, das moralisch Verdorbene, das Verruchte, das Unmögliche das Normale war. Das ist lange her.

Es gibt aber auch das andere München, in dem die Armut zwar nicht immer sichtbar ist, aber im Verborgenen da ist. In sozialer Hinsicht belegt München einen der hinteren Plätze. Slums gibt es keine. Bettler und Penner fallen kaum auf. Sie halten höflich und zurückhaltend die Hand auf und bedanken sich freundlich. München ist in jeder Beziehung außergewöhnlich.

In politischer Hinsicht muss man feststellen, dass zwar auch München Regierungssitz ist, aber mit Berlin, was Größe und Macht angeht, nicht mithalten kann. Die bayerische Staatsregierung ist sicher nicht so mächtig wie jene in Berlin, aber sie tut, was sie kann, um mächtig aufzufallen. Natürlich kann sie nicht so viel, wie sie möchte, aber sie tut zumindest so. Sie müht sich nach Kräften, ebenso segensreiche Wirkungen für die Bürger zu erzielen wie die Bundesregierung. Und mancher wünscht sich etwas weniger Segen und mehr vernünftige Sachpolitik. Es gäbe noch einige Unterschiede zwischen Berlin und München, die es wert wären, herausgearbeitet zu werden, aber wir wollen uns auf das Wesentliche beschränken.

Die wirklich herausragende Differenz ist sicher im Bereich der Gemütlichkeit zu sehen, und dafür steht das Oktoberfest, das nur in München beheimatet sein kann und niemals in Berlin, Hamburg oder Köln. Die Hanse-stadt Hamburg kann man sich ja ernsthaft auch nicht in Bayern vorstellen. Die Elbe fließt nun mal nicht durch Bayern und mündet nicht in den Starnberger See, son-dern in die Nordsee. Die Vorstellung, statt der Isar fließe die Elbe durch München, ist genauso absurd, wie das Oktoberfest ohne München unvorstellbar ist.

Man muss sich nur überlegen, welche Auswirkungen es hätte, wenn es, um ein besonders abwegiges Beispiel zu nennen, in der Frankenmetropole Nürnberg statt-finden würde. Freilich lässt sich in Nürnberg auch ein Volksfest feiern, das bestreitet niemand, das Oktoberfest jedoch nicht. Alles sträubt sich allein bei dem Gedanken daran dagegen! Nürnberg ist zweifelsohne auch eine sehr schöne Stadt, die ihre Vorzüge hat, aber es ist halt nicht München. Nürnberg ist im Wesentlichen bekannt für Lebkuchen, Rostbratwürschtl und Christkindlesmarkt. Man hat das Bild einer mittelalterlichen Stadt vor Augen, in der die Protestanten gegenüber den Katholiken in der Mehrheit sind. Nürnberg ist vor allem fränkisch.

Als Fremder, der mit den bayerischen Verhältnissen nicht vertraut ist, werden Sie fragen, wo da das Problem sei? Das könnte ich Ihnen schon sagen. Aber es würde zu weit führen im Rahmen dieser Gebrauchsanweisung, die gravierenden Stammesunterschiede zwischen Franken und Altbayern umfassend darzustellen. Ein paar kleine Hinweise dazu möchte ich dennoch geben, weil sie die besonders stark ausgeprägte Münchner Fest- und Feier-kompetenz unterstreichen und eine Erklärung dafür lie-fern, warum das Oktoberfest nur in München angesie-delt sein kann.

Die Kulturdifferenz zwischen Franken und Altbay-ern besteht im Wesentlichen im Auseinanderdriften des

Glaubens. Die Altbayern sind katholisch und die Franken evangelisch. Freilich ist das eine starke Verallgemeinerung, weil es auch katholische Franken gibt, aber im Großen und Ganzen trifft es wohl zu. Falls Sie nun ungläubig fragen, ob Glaubensunterschiede in unserer aufgeklärten Zeit tatsächlich noch eine so große Rolle spielen in Bayern, so müssen wir mit einem klaren Ja antworten. Und was unser Thema Oktoberfest angeht: Es ist schon ein Riesenunterschied, ob einer katholisch oder evangelisch auf die Wiesn geht. Der Protestant feiert anders als der Katholik. Man muss nur die Gottesdienste beider Konfessionen vergleichen, um die Unterschiede zu erkennen. Die katholische Messfeier ist im Ganzen sinnlicher angelegt, römisch-katholisch eben, neblig, weihrauchig, emotionaler als die evangelische Liturgie, die von einer kargen Nüchternheit des Wortes bestimmt wird. Der Protestant scheint intellektueller zu glauben als der Katholik, der sich eher der Inbrunst hingibt. Im katholischen Glauben spielt die Phantasie eine größere Rolle als im evangelischen. Für die Lutheraner, könnte man sagen, ist der Glaube eine Sache, eine Glaubenssache eben. In der Nachfolge des Reformators Luther stehen sie und können nicht anders. Darin kommt eine gewisse Sturheit zum Ausdruck. Für die päpstlichen Gläubigen, die Ferngesteuerten aus Rom, hingegen gilt, dass sie auch immer anders können, egal ob sie grad stehen, sitzen oder liegen. Selbst wenn Rom etwas strikt verboten hat, findet der Katholik immer einen leicht abweichenden Glaubensweg, der nicht an Rom vorbeiführt, weil alle Wege nach Rom führen. Ein gutes Beispiel dafür ist die Umgehung des Fastengebotes: Flüssiges bricht Fasten nicht! Und schon hat der Mönch einen Glaubensgrund, sich eine Maß Starkbier zu genehmigen. Womit wir wieder in München angekommen wären.

Alle Wege führen nämlich nach München, zumindest für all diejenigen, die auf das Oktoberfest gehen wollen. Selbstverständlich gehen auch sehr viele Evangelische auf die Wiesn, keine Frage, aber wir (in dem Fall ich allein) glauben, dass Angehörige der lutherischen Gemeinde eine andere Feierintensität entwickeln als der gläubige Katholik. Ende des 17. Jahrhunderts liest man bei Abraham a Santa Clara, einem der strengsten Bußprediger seiner Zeit, dass der Mensch nicht nur »dem Gebet, dem Studieren, der Arbeit obliegen könne, sondern es vonnöten sei, dass man ihm zuweilen Luft lasse und eine Ruhe und einen ehrlichen Gspaß vergönne«. Der Volksprediger war sogar dem Fasching nicht abgeneigt, sofern er »in Ehren gepflogen werde«. Ein kluger Kirchenmann spricht hier. »Man muss dem Katholiken eine kleine Freiheit lassen«, sagt er. Der Katholik muss ab und zu eine Gelegenheit zur Sünde bekommen, was kein Problem ist, weil er sie im Beichtstuhl wieder loswerden kann, wenn er bereut. Reue kann etwas sehr Schönes sein, wenn man vorher ordentlich gesündigt hat und nach der Beichte der Priester das erlösende »Ego te absolvo« spricht.

In München ist das Beichtaufkommen seit jeher höher als in Nürnberg. Gelegenheiten zu sündigen gibt es sicher auch in Franken genügend. Aber die Beichtgelegenheit entspricht in München und Altbayern dem Sündenaufkommen. Inwiefern und in welchem Ausmaß das Oktoberfest diesbezüglich einen Beitrag leistet, wissen wir (wieder ich) nicht. Gelegenheiten zu sündigen gibt es auf der Wiesn schon eine Menge. Deswegen geht ma ja auch so gern hin.

Freilich wird auch in der Landeshauptstadt nicht jede Sünde gebeichtet, aber die Möglichkeit dazu bestünde. Und grade während des Oktoberfestes ist das Angebot sowohl in der einen wie auch der anderen Richtung groß. Falls Sie also während der Wiesn Lust auf eine Beichte verspüren sollten, die Möglichkeit dazu besteht in den Münchner Kirchen. Katholische Geistliche bieten ihre Dienste unentgeltlich in ihren zum Teil sehr schönen Beichtstühlen an. Nur nüchtern sollten Sie sein!

Das Hochamt der Gemütlichkeit

Psychologen haben sich des Phänomens Wiesn angenommen und nach einer stichhaltigen Erklärung geforscht. Brigitte Veiz, eine »zuagroaste« Psychologin, hat dazu in ihrem Buch *Das Oktoberfest – Maße, Rausch und Ritual* überraschenderweise – wie ich hier gleich ausrufen muss – ganz Erstaunliches herausgefunden: »Das Oktoberfest hat etwas sehr bayerisches und katholisches, die Wiesn ist ein Münchner Ritual geworden.« Ja, da schau her! Das überrascht in der Tat! Vor allem, dass katholische und bayerische Elemente bestimmend sind für das Oktoberfest. Normalerweise kommentiert der wortgewandte Bayer solche Aussagen mit einem furztrockenen: »Geh weiter!« Und meistens ist damit auch das Nötige dazu gesagt.

Ich bin sicher, dass diese Ergebnisse einer intensiven Forschertätigkeit entsprungen sind. Ob Frau Veiz dabei deduktiv, induktiv oder doch eher intuitiv vorgegangen ist, konnte ich nicht in Erfahrung bringen. Vielleicht ist es auch ganz einfach wurscht. Es muss im Rahmen unserer Gebrauchsanweisung nichts verifiziert und auch nichts falsifiziert werden. Jeder darf seine Deutung einfach verbreiten. Das Wunderbare am Oktoberfest ist, dass wirklich jedermann(frau) aufgerufen ist, in persönlichen Forschungsgängen »seine« Wiesn zu erkunden. Und da alle unsere Erkenntnisse über die Wirklichkeit ohnehin nur Konstrukte sind, also jeder das wahrnehmen und als wahr erkennen kann, was er sich vorstellen kann, erhalten wir Wiesnforscher immer wieder neue Deutungen des Geschehens. »Die Menschen zelebrieren zusammen ein rauschhaftes, fröhliches, ekstatisches Fest!«, erkennt unsere Oktoberfestforscherin. Und sie fährt fort: »Sie teilen Bier und Brezn miteinander, verbrüdern sich im gemeinsamen, seligen Rausch – eine Art Kommunion am Biertisch.« Hat sie diese Erkenntnis mittels einer randomisierten Feldstudie gewonnen oder eher durch einen spontanen repräsentativen Selbstversuch? Mei, is mir des wurscht!

Also eine große Messe erkennt die Psychologin in der Wiesn. Ein Hochamt der Gemütlichkeit! Freilich kann man das so sehen, und es ist nicht auszuschließen, dass es spirituell leicht entzündbare Menschen gibt, die einen Wiesnbesuch als religiöse Handlung auffassen.

Wir dürfen vermuten, dass es unter den Oktoberfestbesuchern Anhänger der Bergpredigt gibt, die sich den Forderungen unseres Herrn Jesus verpflichtet fühlen, aber daraus eine Deutung des Geschehens im religiösen Sinne abzuleiten, scheint mir übertrieben. Es gibt jedenfalls auch sehr viele Besucher, die sich religiös verweigern und während der »oktoberfestlichen Messe« die nötige Inbrunst vermissen lassen. Man trifft immer wieder auch auf völlig nüchterne Menschen, die keine Religion im Leib haben, areligiöse Menschen, denen das Talent zur Spiritualität abgeht, die für eine Bierreligiosität einfach nicht geschaffen sind.

Eine Deutung des Wiesngeschehens im religiösen Sinne ist, wie wir gesehen haben, möglich, aber auch das Gegenteil, ein atheistisches Erleben der Wiesn, ist möglich. Es ist halt wie so oft in Bayern, dass nämlich auch gleichzeitig das Gegenteil gilt. Der Münchner Journalist Herbert Riehl-Heyse gilt als Hauptvertreter des Theorems von der Gleichzeitigkeit des Gegenteils. Im Großen und Ganzen gilt es heute noch, und es wird gern und oft praktiziert. Vor allem vom gegenwärtigen Ministerpräsidenten. Wir Bayern sind gleichzeitig demokratisch und anarchisch, gastfreundlich und fremdenfeindlich, tolerant und intolerant, es geht immer alles, und es geht auch immer gar nichts. Wir können dafür und dagegen sein, wir können heut so und morgen so. Allerdings mussten einige Anpassungen und Erweiterungen vorgenommen werden. Die zweigeteilte Weltsicht ist zwar nach wie vor sehr verbreitet in Bayern, doch setzt sich immer mehr die polyvalente Perspektive durch. Die Anhänger der Dichotomie werden immer mehr von der neuen Denkschule der Polyvalenz verdrängt. Ich habe Kontakt zur führenden Philosophenschule der Niederbayern aufgenommen, die sich täglich am Obststandl beim Pongratz Michi in München am Rosenheimer Platz einfindet, um die Grundfragen des Seins zu besprechen. Dort habe ich um Klärung der Begriffe nachgesucht. Hier sind die Ergebnisse:

Dichotomie? Dazu meint der Niederbayer: »Entweder es is aso, oder es is aso.«

Polyvalenz? – »Wenn's aso net is und aso aa net, dann muass anders sei«, sagt der Niederbayer. Das Anderssein ist in jedem Fall schon eine Erweiterung hin auf ein Drittes. Aber der Niederbayer fährt fort: »Wenn's anders net is, dann muass no anders sei« (ein Viertes, das Noch-anders-Sein). »Weil sonst wär's ja überhaupt net.« Und nun kommt der Sprung in die Polyvalenz: »Oder aber aa wieder net!« Mehr ist dazu nicht zu sagen.

Über-Ich – gib a Ruah!

Das Oktoberfest ist ein Mythos! Ja, ist schon recht, werden Sie sagen, ein Mythos ist schnell beieinander, wenn man nichts Genaues weiß. Das stimmt natürlich, was exakt ein Mythos ist, weiß im Allgemeinen keiner so genau. Im Besonderen aber schon. Es gibt Bayern, die sich kluge Gedanken dazu gemacht haben. Der aus Cham in der Oberpfalz gebürtige Philosoph Josef Früchtl zum Beispiel, der einen Lehrstuhl für Philosophie in Amsterdam besetzt hält und dem Mythos an sich auf den Zahn fühlte: »Der Mythos bietet dem Kollektiv einen imaginären Ersatz für eine real verwehrte Befriedigung triebhaft-elementarer Bedürfnisse.«

Auweh, zwick! Ja, wenn das so ist, dann strotzt ganz Bayern vor real verwehrter Befriedigung triebhaft-elementarer Bedürfnisse. Wenn man genau hinschaut, sieht man es auch. Überall nur Befriedigungsverhinderung! Grade im politischen Bereich, in den Parteien, aber besonders in der bayerischen SPD ist die Verhinderung von Befriedigung sehr beliebt. Nur auf dem klerikalen Feld in der Abgeschiedenheit der bayerischen Klöster gedeihen zaghafte Befreiungsbewegungen. Es gibt Brüder, die von einem zufriedenen Klosterleben berichten. Aber sonst steht es um die bayerische Befriedigung nicht gut. Es kann sich dabei aber ebenfalls nur um einen Mythos handeln.

Weil ja ganz Bayern auch wieder ein mächtiger Mythos ist, der wiederum eine Fülle von Mythen enthält, die immer wieder neu erzählt werden müssen, von mehr oder weniger kundigen Leuten, die nichts Genaues wissen. Gut, wenn also das Oktoberfest ein Ergebnis real verwehrter Befriedigung ist, mei, dann soll es uns recht sein. Triebbefriedigung ist ja an sich nichts Schlechtes. Unterdrückte Triebe aber sind gar nicht gesund. Das wissen wir aus der Psychologie.

Man muss sich eine Strategie zulegen. Freud lehrt uns, dass wir im Traum die unterdrückte Befriedigung jeder auf seine Weise erleben können. Unser Unterbewusstsein wehrt solche unbefriedigten Triebe mit zahlreichen Mechanismen ab, sonst würden wir nämlich alle total neurotisch. Unsere unterdrückte Bedürfnisbefriedigung macht uns auf Dauer krank. Es kommt zu zwanghaften Handlungen: Waschzwang, Kontrollzwang, Putzzwang, Erzählzwang, Mythenzwang, Rechtfertigungszwang. Wenn wir also auf der Wiesn unsere Triebe ausleben dürfen, ist das wie eine Therapie. Wir könnten uns Psychiater und Psychologen sparen, wenn es den Wiesnbesuch auf Rezept geben würde. Ich möchte dies hiermit anregen.

Das Interessante bei der Wiesn ist ja auch, dass sich nach einem Besuch ganz persönliche Mythen entwickeln: Wie viele Maß man getrunken hat, ohne zu wanken und deshalb auch noch mit dem Auto nach Hause fahren konnte, und wie viele Telefonnummern von supergeilen Hasen man bekommen hat.

Auf mythischer Ebene, so Früchtl, können wir die »verwehrte Befriedigung triebhaft elementarer Bedürfnisse« gemeinsam im Kollektiv durchleben. Auf dem Oktoberfest kann es schon traumhaft zugehen, wenn wir triebhaft und elementar zu einem »Prosit der Gemütlichkeit« die Krüge heben und »es in uns einirinna lassen«, dass es eine Freude ist.

Wenn ich es recht bedenke, so kann es sich bei der real verwehrten Befriedigung nur um die triebhaft-elementare Unterdrückung von Gemütlichkeit handeln. Gemütlichkeit wird immer wieder verwehrt. Wann ist es denn in dieser globalisierten und kalten, gemütlichkeitsfeindlichen Welt noch möglich, gemütlich bei einer Maß beieinanderzuhocken? In der Wirtschaft beispielsweise, in den Vorstandsetagen, wird ja kaum noch eine bayerische Gemütlichkeit gepflegt. Dort trifft man sich nur noch zum Meeting mit Mineralwasser und Fruchtsäften. Ich kann mich nicht erinnern, jemals von einer Aufsichtsratssitzung bei Siemens in gemütlicher Atmosphäre bei Bier und Radi etwas gehört oder gelesen zu haben. Die Gemütlichkeitsverweigerung hat Ausmaße angenommen, dass es nicht mehr schön ist.

Früchtl weist mit Recht auf folgenden Zusammenhang hin: »Wenn alle Kultur, wie Freud betont, Triebunterdrückung fordert, kann der vom Lustprinzip getragene Impuls nach unendlichem Glück nicht eingeholt werden.« Sowieso! Das sehen wir Gemütlichkeitswilligen genauso. Wer versteht das nicht? Es ist die Lust immer da und will immer nur Lust und Lust und verspricht unaufhörliches Glück. Das ist der erotische Turbolader, der uns treibt und mit dem wir unweigerlich fertigwerden müssen. Aber wie viele werden nicht fertig damit, weil sie keine Kultur haben? Fertig werden wir mit dem Lustprinzip nur durch Kultur. Die Voraussetzung dafür ist die Triebunterdrückung. So fügt sich alles harmonisch ineinander. Und genauso haben es schon Millionen auf der Wiesn erfahren. Sie kamen mit einer ungeheuren Triebunterdrückung im Bierzelt an und sind auf dem Oktoberfest kulturell unterfordert worden und enorm befriedigt heimgegangen. Freilich hat mancher am nächsten Tag ein Unbehagen an sich wahrgenommen. Es war das Unbehagen an der Kultur. Deshalb treibt die Menschen ein Unbehagen um, hinter dem sich Schuldbewusstsein und dahinter wiederum Angst vor dem Über-Ich, der kulturellen Überforderung, verbirgt.

Auf dem Oktoberfest hat das Über-Ich kaum etwas zu melden. Sinn eines ausgiebigen Oktoberfestbesuches ist ja, das Über-Ich zum Schweigen zu bringen. Es kommt auch kaum vor, dass es etwas sagt. Erfahrene Über-Iche wissen, dass sie auf der Wiesn nichts zu sagen haben. Und wenn es doch einmal sprechen sollte, wird es sofort mit einem Prosit der Gemütlichkeit zum Schweigen gebracht. Ich rate Ihnen, das Über-Ich daheim zu lassen, falls Sie noch eins haben. Inzwischen gibt es ja ganz moderne Ausführungen, die kaum noch Ähnlichkeit haben mit dem freudschen Prototyp.

Es gibt moderne Über-Iche, die mit flexiblen Gewissensnormen ausgestattet sind und extreme Anpassungsqualitäten besitzen, beispielsweise Über-Iche im fernöstlichen Design, die im Westen immer beliebter werden, weil sie sehr gut einsetzbar sind. Allen Ausführungen scheint aber eine überzeitliche Ich-Essenz zu eigen zu sein, die in mythologischen Erzählungen dem Helden moralische Handlungssicherheit verleiht.

Na ja, so viel scheint jedenfalls schon klar zu sein, dass Mythen eine Erzählung beinhalten, die gern weitergetragen werden. Oft ranken sie sich um große bayerische Persönlichkeiten, deren Leben eine Sonderstellung in den bayerischen Geschichten einnimmt. Zuallererst muss hier Franz Josef Strauß erwähnt werden (Erwähnzwang?), der nach einem Oktoberfestbesuch zur Jagd nach Regensburg aufbrach, um dort im Wald eines befreundeten Fürsten den Tod zu finden. Ihn muss man stellvertretend für die vielen tragischen Oktoberfesthelden anführen, die, kurz bevor sie abberufen wurden, noch eine letzte Wiesnmaß zu sich nehmen konnten.

Ob ihnen dadurch der Abschied von dieser Welt leichter fiel, werden wir nicht mehr erfahren. Aber ganz unwahrscheinlich ist es nicht, denn das Märzenbier enthält eine Vielzahl von Substanzen, die das körperliche Wohlbefinden steigern.

Der König Ludwig II., dessen tragischer Tod bis heute zu höchst mythenhaften Spekulationen anregt, war mehrmals auf der Wiesn, aber die geistige Umnachtung, von der unser Märchenkönig angeblich befallen war, hat er sich dort bestimmt nicht geholt. Allerdings können wir nicht ausschließen, dass der eine oder andere Wiesnbesucher in geistiger Umnachtung das Festgeschehen verlassen musste. Ob sich der Kini, der sich am allerliebsten in seinen Traumwelten aufhielt, auf dem Oktoberfest wohlgefühlt hat, wissen wir nicht. Vermutlich eher weniger.

Er hatte ja eine Vorliebe für Richard Wagner, der übrigens selber wieder Stoff für einen ganzen Mythenkomplex abgibt. In dessen Musik vertiefte sich der Märchenkönig am allerliebsten allein im Münchner Nationaltheater. Von daher gesehen war ihm ein Oktoberfestbesuch wahrscheinlich lästig, denn Wagners Musik wird dort kaum aufgeführt.

Möglicherweise aber werden Sie an Wagners Walkürenritt erinnert, wenn in einem Festzelt der Bayerische Defiliermarsch erklingt. Die beiden Kompositionen haben mehr gemeinsam, als man glauben möchte. Ich bin kein Musikwissenschaftler, aber es kommt mir vor, als habe Wagner seinen Walkürenritt vom Defiliermarsch abgekupfert. Die ersten Töne sind fast identisch. Der berühmte Münchner Komponist und Musiker Hermann Weindorf hat auf meine Bitte hin den Defiliermarsch in Moll transponiert, dabei entstand der Eindruck, dass Wagners Walkürenritt ein Transponat des Defiliermarsches ist.

Dieser Defiliermarsch ist übrigens von einem Mythos umgeben. Seine Klänge sind eng verbunden mit dem Einzug des bayerischen Ministerpräsidenten. Den treffen Sie regelmäßig am ersten Wiesnsonntag zur Mittagszeit im Winzerer Fähndl. Wenn Sie diesen Marsch hören, ist der Regierungschef des Freistaates oft in der Nähe. Ein Wiesnbesuch von Richard Wagner hingegen ist meines Wissens nicht nachgewiesen.

Hoch- und andere Zeiten

Wie kam der Mensch überhaupt auf die Idee zu feiern? Rein anthropologisch betrachtet, wird der sich entwickelnde Mensch, nachdem er sich am Rande der Savanne aufgerichtet hatte, um auf zwei Beinen zu stehen, z'wengs dem Überblick (um einen Überblick zu bekommen) sich gefragt haben, ob die Lage nach dem ersten sorgfältigen Abchecken der Parameter insgesamt lebensfriedlich oder doch eher lebensgefährlich war für sich und seine familiäre Gruppe, mit der er gerade umherstreifte auf der Suche nach Nahrung.

Eine andere Überlegung hat wahrscheinlich keine Rolle gespielt. Der Mensch war ja von Anfang an unterwegs. Immer auf der Suche nach Essbarem und immer auf der Hut, ob nicht ein anderes Lebewesen in der Nähe war, das auch auf der Suche nach Nahrung war. Der Mensch war nämlich für andere Tiere ein Leckerbissen. Ans Feiern war angesichts einer solchen Lage nicht zu denken. Das erste Fest wurde meiner Meinung nach erst gefeiert, nachdem der Mensch seine Ruhe gehabt hat vor den anderen Menschen und Tieren, die ihm nachstellten. Es musste absolute Sicherheit herrschen vor anderen hungrigen Wesen. Die Klapptische und -bänke auf der Wiesn, auf denen der Gemütlichkeitsmensch Platz nimmt, um zu feiern, geben heute noch einen Hinweis darauf, dass der Mensch lange umherzog und auf der Flucht war. Falls Gefahr drohte, konnte man diese Möbel sofort zusammenklappen und flüchten. Die ersten zaghaften Gemütlichkeitsversuche stammen aus dieser frühen Nomadenzeit, als die Menschen noch nicht sesshaft waren. Sesshaftigkeit setzt wiederum Sicherheit voraus. Deshalb wurde damals der Zaunbau erfunden und massiv vorangetrieben, um Schutz vor Angriffen wilder Tiere oder anderer hungriger Menschen zu gewährleisten, die vom aufkommenden Eigentumsgedanken noch nicht ganz überzeugt waren. Richtig ernsthafte Gemütlichkeit war somit erst möglich durch das bewusste Errichten von Zäunen, die den umzäunten Raum als Eigentum des sesshaft gewordenen Nomaden auswiesen. Auf der Wiesn werden Sie viele Zäune und Gatter sehen, die freilich meistens nur spielerisch dieses prähistorische Errichten von Zäunen und Gattern ironisieren. Gemütlichkeit ist somit eng mit dem Eigentumsgedanken verknüpft und konnte sich nur nach der Sesshaftwerdung entwickeln.

Wann und warum die Menschen im bayerischen Voralpenland in weiß-blauer Vorzeit begannen, Volksfeste auszurichten, Hendel auf metallene Spieße zu ziehen, Fische auf hölzerne Stöcke zu spießen und über offenem Feuer zu braten, dazu in großen Mengen ein metfarbenes Gebräu aus Hopfen und Malz in irdenen Litergefäßen zu sich zu nehmen, um danach gemeinschaftlich in aller Öffentlichkeit wasserlassend an Blechrinnen zu treten – das kann ich Ihnen allerdings nicht genau sagen.

Warum und wann die Wiesn entstanden ist, kann ich Ihnen wiederum genau sagen. Aber nicht nur ich, das wissen inzwischen eigentlich alle, dass der Anlass eine Hochzeit war. Es war einmal vor langer Zeit, als sich zwei Menschen gefunden hatten und den Bund fürs Leben schließen wollten.

»Hochzeiten, besonders in Herrscherhäusern, haben immer schon einen idealen Anlass für große Feierlichkeiten geboten. Ein solches Ereignis – nämlich die Vermählung des bayerischen Kronprinzen Ludwig mit Prinzessin Therese Charlotte Louise von Sachsen-Hildburghausen – kündigte sich im Jahr 1810 in der königlichen Haupt- und Residenzstadt München an. Und weil der König der Bayern Max I. zu jener Zeit, als das Bier noch dunkel, der Geist aber in Bayern schon ziemlich aufgeklärt war, seine Untertanen liebte und sich unbändig freute, dass sein Bub ein fesches Dirndl gefunden hatte und d'Liab de zwoa auf ewiglich verband, entschloss er sich, seinen königlich-bayerischen Untertanen ein Volksfest zu gewähren, damit auch das Volk sich freue, dass die Herrschaft gesichert sei. Nicht ganz unwichtig in diesem Zusammenhang ist, dass der König die Spendierhosen anhatte, weil das königlich angeordnete Fest von der Zentralstaatskasse bezahlt wurde. Es gab also Freibier. Und auch Speisen wurden an vier Plätzen der Stadt an die Bevölkerung ausgeteilt.« (*175 Jahre Oktoberfest*, zusammengestellt v. R. Bauer und F. Fenzl)

Es gab also Freibier für alle! Das war in der Tat etwas Besonderes, wenn man sich bewusst macht, dass es damals weitaus weniger üblich war, öffentlich zu feiern. Normalerweise wurde vor allem bei Hof gefeiert. Das einfache Volk, Bürger, Bauern, Knechte, Handwerker und Gesellen, die hatten keinen Grund zum Feiern. Außer Hochzeiten und ab und zu eine schöne Leich gab es nicht viel Anlässe für ein Fest. Und wenn, dann nur zu Hause, auf dem Hof, in der Familie, und das weiß man ja, welche Stimmung da aufkommt.

Ab 1790 allerdings stieg allgemein die öffentliche Feierlaune. Irgendwie hatte es sich auch bis nach Deutschland herumgesprochen, dass in Frankreich rauschende Revolutionsfêten gefeiert wurden. Ja, in Frankreich wusste man zu leben, nicht umsonst sagt man heute noch einem, der das Leben in vollen Zügen genießen kann, nach, er lebe wie Gott in Frankreich. Ob allerdings Gott an der Französischen Revolution mitgewirkt hat, darf man zumindest bezweifeln. An der Guillotine rief man ihn oft an, aber er hat nie geantwortet. In so einer Revolution geht manches drunter und drüber. Revolution bedeutet, dass die Verhältnisse umgedreht werden. Da kann man schnell mal den Überblick verlieren und den Kopf sowieso. Gott wird wie immer seinen Plan gehabt haben. Gut, die Forderung »Freiheit, Gleichheit, Brüderlichkeit« könnte seine Unterstützung gefunden haben. Die Revolutionstribunale und ihre Rechtsprechung dürften ihm eher nicht gefallen haben.

Aber Gottes Wege sind ja bekanntlich unerforschlich, wie uns von theologischer Seite immer wieder versichert wird.

Die Revolution in Frankreich brachte jedenfalls viel Leid und Ungerechtigkeit für die Bürger. Dennoch überwog wohl insgesamt die gute Stimmung, sodass man zum Feiern aufgelegt war und immer öfter Feste abgehalten wurden. Verständlich ist das schon. Die Revolution war nun mal ein großes historisches Ereignis, alle redeten von der Macht der Vernunft, jeder fühlte sich aufgerufen, selbstständig zu denken, da war es logischerweise nur eine Frage der Zeit, bis ein kluger Kopf die Idee zu einer großen Party hatte.

Vielleicht fragt sich jetzt schon der eine oder andere, was hat das denn mit dem Oktoberfest zu tun? Eine ganze Menge, denn ohne die Vorarbeit der Franzosen wären wir in Deutschland vielleicht nie auf die Idee gekommen, große Volksfeste zu veranstalten. Gut, vermutlich wäre es uns irgendwann auch selber eingefallen, aber der Anstoß dazu kam um die Jahrhundertwende 1799/1800 aus Frankreich. Das zumindest kann man einem Band der rowohltschen Enzyklopädie *Kulturen und Ideen* über *Öffentliche Festkultur* entnehmen, der politische Feste in Deutschland von der Aufklärung bis zum Ersten Weltkrieg unter die Lupe nimmt. Für so eine Unternehmung muss man eine gewisse Leidenschaft mitbringen. Ich habe mir den Band reingezogen und war froh, ihn wieder weglegen zu können.

Wiewohl es Anlässe für nationale Feierlichkeiten in Bayern um 1800 einige gegeben hat. Beispielsweise hätte man 1806 einen guten Grund gehabt, sich ordentlich vollllaufen zu lassen. Am 1. Januar wurde Bayern zum Königreich erhoben. Das bayerische Volk hat sich deshalb bestimmt »sakrisch« gefreut, dass es nun nicht mehr von einem Herzog, sondern von einem König beherrscht wurde. Es muss schon ein besonderes Gefühl gewesen sein, als man vom herzoglichen zum königlich-bayerischen Untertan befördert wurde. Es wird gleich etwas ganz anderes gewesen sein, als Sohn des bayerischen Königreichs für den nächsten, sicherlich ruhmreichen Feldzug Napoleons sein Leben hingeben zu dürfen.

Und es waren einige Bayern, die für den Franzosen den königlich-bayerischen Kopf hingehalten haben.

Der große Zampano der Zeit regierte nicht in München, sondern in Paris. Napoleon bestimmte in Europa, wie der Hase zu laufen hatte. Und in gewisser Weise war der König Max I. ein napoleonischer Hase, weil ohne den Franzosen, den ein Philosoph aus Schwaben, ein gewisser Hegel, als personifizierten Weltgeist angeschaut hat, ohne den wäre der Max IV. Joseph nie König Max I. von Bayern geworden. Es war angeblich ein Geschenk. Wer's glaubt! Ganz umsonst war die Königswürde nicht. Der Napoleon war auf 30 000 bayerische Soldaten scharf. Bei der »Neuordnung Europas«, wie man die Feldzugspolitik Napoleons auch nannte, konnte »der Korse« die bayerischen Soldaten gut gebrauchen – als Kanonenfutter.

Bayern hat aber auch enorm profitiert. Es gewann territorial eine Vielzahl von Gebieten dazu und erhielt dadurch seine im Wesentlichen bis heute bestehende Form. Der König Max I. konnte ganz gut mit dem Franzosen, wie man so sagt. Komisch ist es schon. Weil in Frankreich haben sie ein paar Jahre vorher noch die königlichen Häupter geköpft, und dann kommt ein Napoleon und krönt uns einen bayerischen König.

Eine Revolution wie 1789 in Frankreich haben wir in Bayern nicht gehabt. Die Bayern waren in ihrer Geschichte meistens ziemlich revolutionsfaul. Das liegt hauptsächlich daran, dass wir hier in Bayern keine Bastille gehabt haben. Freilich haben wir auch berühmte Gefängnisse mit dicken Mauern, hinter denen sich unmenschliche Verliese befinden, aus denen kaum einer entkommen kann. In Straubing befindet sich ein sehr bekannter und ausbruchssicherer Hochsicherheitsknast.

Berühmt sind auch die Justizvollzugsanstalten Landsberg und Stadelheim. Aber stürmen wollte die noch nie jemand. Wie hätte sich das denn angehört? »Sturm auf die Justizvollzugsanstalt Stadelheim!« Das macht doch nichts her in den Geschichtsbüchern.

Zum anderen hat der Stamm der Bayern einen Revolutionsführer wie Robespierre nie hervorgebracht. So einen revolutionären Eintänzer gab es im Freistaat nicht. Überall nur Prälaten, Bischöfe und Pröbste, so weit das Auge reicht. Und Adlige halt, gell. Wittelsbacher! Immer wieder Wittelsbacher! Wer hätte denn eine Parole wie »Freiheit, Gleichheit und Brüderlichkeit« in Bayern unters Volk bringen sollen? Ein Voltaire hätte in München nicht die Bohne einer Chance gehabt, sein Gedankengut zu verbreiten. Die Bayern hätten ihn ausgelacht, »Vernunft«, hätten sie höhnisch gerufen, »red ned so saudumm daher, schau, dass du weiterkommst, sonst haun wir dich naus!«. Oder Rousseau! »Zurück zur Natur!« Ist schon recht, hätten die Bayern gemurmelt, wir müssen eh jeden Tag naus aufs Feld, da kannst mitgehen und uns helfen bei der Arbeit, dann willst du ganz schnell wieder zruck in d' Stadt.

Das Umstürzlerische passt nicht in dieses Land. Außerdem hätte der Bayer am 14. Juli bei schönem Wetter eher den Biergarten gestürmt und sonst nichts und wäre hockengeblieben bis zur Sperrstunde. Und wenn der Wirt sich eventuell geweigert hätte, eine letzte Maß auszuschenken, dann waar's am End zum Raufa worn. Der Bayer setzt eben andere Prioritäten, damals wie heute. Er ist zufrieden mit den Verhältnissen. All sein Handeln erwächst aus einer großen Ruhe. »Mach ma halt a Revolution, damit a Ruah is«, verkündete ein ruhebedürftiger Revolutionär 1918 in München im Schwabinger Bräu auf einer Versammlung der USPD. So war es, und so is es!

1810 war also nicht viel los in München; Zerstreuung und Abwechslung waren rar. Besonders kritisch war die Lage der Gebildeten und Gehobenen in der Gesellschaft. Die mussten die Tage mit Lesen und Lustwandeln und schönen Gesprächen verbringen. Da wird die Stimmung nahe an der Depression gewesen sein. Sie mussten sich in den königlichen Anlagen aufhalten, die Etikette wahren, sich vornehm kleiden und ansonsten schauen, dass das Leben einigermaßen erträglich weiterging. Und wenn der König in der Kutsche vorbeigefahren ist, mussten sie ihm ihre Ehrerbietung erweisen. Und immer nur Ehrerbietung erweisen, das kann auf Dauer ganz schön fad sein. Diese Münchner Gesellschaft um 1810 hat ja praktisch nichts Unterhaltendes gehabt. Das Angebot an Entertainment war praktisch null. Wenn man überhaupt von einem solchen sprechen kann.

Ui, ein Pferderennen, werden die vornehmen Damen der Münchner Gesellschaft deshalb in froher Erwartung gehaucht haben, als sie davon erfuhren, dass »auf der Freifläche zwischen Allgemeinem Krankenhaus und dem Sendlinger Berg anlässlich der Vermählung des bayerischen Kronprinzen Ludwig mit der Prinzessin Charlotte Louise von Sachsen-Hildburghausen der Hof die Erlaubnis zu einem Pferderennen gegeben hat«.

Der Major Andreas von Dall'Armi, ein Adliger italienischer Herkunft, hatte zusammen mit »einigen Individuen bey der Cavallarie der National-Garde dritter Klasse« die Idee dazu. Dieser Dall'Armi scheint tatsächlich ein Zuagroaster aus Italien gewesen zu sein. Und es schaut so aus, als wäre der Anstoß zum Oktoberfest von ihm gekommen. Wir können nur hoffen, dass er ein hundertprozentiger Bayer war. Königstreu war er auf jeden Fall. Er war bei Hofe ziemlich angesehen, heißt es in den oktoberfestlichen Dokumenten. Ein rechter Schleimer wird er gewesen sein. Sehr beliebt war er bei den Münchnern eher nicht, weil er eine rasante Karriere am Hof hingelegt hat. Um sich beim Volk beliebt zu machen, so können wir vermuten, hat er den Anstoß zum Pferderennen gegeben.

Es gibt in München eine Straße, die seinen Namen trägt. Aber sie ist nicht nach ihm benannt, sondern nach einem Nachfahren, der eine soziale Ader hatte und ein Heim für bedürftige Bedienstete gründete. Es kann keine sehr große Stiftung gewesen sein, denn die Stadtväter hielten es für angemessen, ihm nur eine unbedeutende Seitenstraße in Nymphenburg zu widmen. Oder aber die Stadtväter wollten damit einen Hinweis darauf geben, dass in München Bedürftige nur über Seitenwege zu einer Unterstützung kommen.

Bedürftige leben auch in München einige, aber auf der Wiesn trifft man sie weniger. Weil aber die Wiesnverantwortlichen ein Herz für diese Bevölkerungsschicht haben, hat man einen Familiennachmittag eingeführt, bei dem die Preise der Fahrgeschäfte auf die Hälfte reduziert sind. Die Maß allerdings hält auch an diesem Tag ihren Preis, und von Freibier und kostenloser Verköstigung kann man nur träumen.

Es ist zweifellos ein freudiges Ereignis, wenn ein bayerisches Kronprinzenpaar in den heiligen Stand der Ehe tritt, aber reicht das aus, um ein Fest von solch gigantischen Ausmaßen zu begründen? Warum hat sich ausgerechnet das Münchner Oktoberfest von 1810 über die Jahre durchgesetzt und nicht zum Beispiel das Wartburgfest von 1817 oder das Hambacher Fest von 1832?

Womöglich wird jedes Jahr auch auf der Wartburg und im Hambacher Schloss gefeiert, aber diese Veranstaltungen spielen international nicht die Rolle, die unserem Münchner Oktoberfest zukommt.

Wäre nicht eher der Erhalt Bayerns als Königreich auf dem Wiener Kongress 1815 ein gebührender Anlass gewesen, um zu feiern? Bayern sollte nämlich als Staat von der Landkarte komplett verschwinden. Den Vorschlag gab es tatsächlich, und wenn mich nicht alles täuscht, hat sich der König von Preußen für Bayern starkgemacht, sonst wäre es vielleicht nie etwas geworden mit unserer Wiesntradition.

Seltsam ist das schon, weil es am 18. Oktober 1814, also zur klassischen Oktoberfestzeit, in ganz Deutschland zu einem Fest kam, das in »zeitgenössischen Festbeschreibungen als Nationalfest der Teutschen charakterisiert wird«. Da werden sich die Bayern gesagt haben: »Das kann schon sein, sollen die in ganz Deutschland ihr Nationalfest feiern, wir feiern unser Oktoberfest.« Wenn in ganz Deutschland gefeiert wird, dann nicht unbedingt auch in Bayern. Und schon gar nicht lassen wir uns vorschreiben, aus welchem Grund wir hier in Bayern feiern und wann.

Inzwischen ist es ja umgekehrt. Das Münchner Oktoberfest wird international als Nationalfest der Deutschen wahrgenommen. Das kann schon sein! Auszuschließen ist es nicht, dass man die Wiesn im Ausland als deutsches Nationalfest identifiziert. Und es schadet ja auch nicht viel, wenn man uns und unser deutsches Wesen mit dem Oktoberfest in Verbindung bringt, oder? Die oktoberfestliche Ausgelassenheit steht uns besser zu Gesicht als vieles andere, mit dem man uns Deutsche im Ausland in Verbindung bringt.

Nur, ob es sich wirklich um ein deutsches National-fest handelt, was da in München alljährlich veranstaltet wird, ist zumindest fraglich. Es sind bestimmt auch viele deutsche Gäste auf der Wiesn, aber die wenigsten werden sich dort vergnügen, um die deutsche Nation zu feiern. Die Nationalhymne gehört nicht zu den Wiesnhits in den Zelten, die Deutschlandfahne spielt kaum eine Rolle, und bisher hat auch noch kein Bundespräsident auf der Wiesn eine Rede an die Deutsche Nation gehalten. Das hätte uns gerade noch gefehlt.

Gemütlichkeit, global gesehen

Es gibt kleine Staatengebilde wie Andorra, Liechtenstein und Monaco, die als Steuerparadiese berühmt geworden sind. Es gibt das vergleichsweise übersichtliche Lummerland, in dem Jim Knopf und Lukas der Lokomotivführer zu Hause sind. Im etwas größeren Neverland regierte lange unangefochten Michael Jackson, und in Graceland herrschte König Elvis bis zu seinem Tod. Die Gründe der Menschen, eines dieser Länder zu besuchen, sind vielfältig. Einmal wollen die Menschen Steuern sparen, ein andermal wollen sie nicht erwachsen werden, und wieder andere möchten wenigstens einmal im Leben ein funktionierendes Staatsgebilde kennenlernen, um ein paar Stunden Glück, Freude und Frieden im geschützten Raum genießen zu können.

Aus all den Gründen besuchen Menschen auch das Oktoberfest in München. Muss sich das Oktoberfest mit den oben beschriebenen Gebilden aber tatsächlich auf ein und demselben Niveau messen lassen? Natürlich nicht. Das Oktoberfest ist einmalig und unübertrefflich in jeder nur denkbaren Hinsicht. Schon jetzt ist klar: Das Oktoberfest ist eine ernste Angelegenheit und verweist auf ein vielschichtiges Phänomen adulter Ausgelassenheit. Oberflächlich betrachtet, bietet sich dem Besucher ein chaotisches Bild. Wer genauer hinsieht, erkennt eine höhere, eine göttliche Ordnung.

Das Oktoberfest ist das Vorbild für einen modernen Staat, weil in ihm der Gedanke der kulturellen und religiösen Freiheit in idealer Weise erfüllt ist. Deshalb sollte die Wiesn als Musterbeispiel für einen globalisierten Staat einen festen Sitz in der UNO bekommen und völkerrechtlich anerkannt werden.

Die Wiesn hätte eine Aufnahme in die Völkergemeinschaft der UNO längst verdient. Gut, faktisch ist sie ja in der Völkergemeinschaft angekommen, nur eben nicht als offizieller Staat. Dabei könnte das Oktoberfest als einziger Gemütlichkeitsstaat weltweit wichtige Aufgaben in der Völkerfamilie übernehmen. Und eine Vertretung der Wiesn bei der UNO könnte die Vermittlung und Bewahrung der christlichen Werte, das Recht auf Grundnahrungsmittel, auf Hendl und Bier, auf Einlass und Platzreservierung gewährleisten.

Argumente gibt es genug für einen Oktoberfeststaat: Das Oktoberfest verfügt über ein genau festgelegtes Staatsgebiet. Das Staatsgebiet liegt in München und findet seine Grenzen durch eine Ringstraße, den Bavariaring. Das Gebiet ist voll erschlossen. Die letzten Rodungen liegen Jahrhunderte zurück. Das Umweltministerium überwacht das Areal ständig und gibt ein ums andere Mal grünes Licht. Die Wiesn ist erdbeben- und hochwassersicher, und auch vonseiten des Denkmalschutzes gibt es keine Bedenken. Archäologische Grabungen stehen momentan nicht an. Weder Römer noch Kelten haben auf der Wiesn je Tempel oder Hügelgräber errichtet. Historische Grundmauern, Kastelle oder Aquädukte wurden nie gefunden. Vulkanische Tätigkeit konnte bisher nicht nachgewiesen werden. Das Terrain ist nach allen Seiten untersucht und baurechtlich unbedenklich. Der Bund Naturschutz hat bisher nie Einwände gegen eine Nutzung erhoben. Was sich allerdings schnell ändern kann. Es wurden zwar seltene, vom Aussterben bedrohte Arten auf der Oktoberfestwiese beobachtet – Wolpertinger, Dingminghartinger und Ruahpertinger –, aber niemand wollte sie auf die Rote Liste setzen, sodass auch in Zukunft gegen eine großgemütliche Veranstaltung dort keine Einwände bestehen.

Am erfreulichsten ist, dass vom Oktoberfest noch nie feindliche Bestrebungen ausgingen, benachbarte Staaten zu überfallen. Es gab noch nie einen Wunsch nach Ausdehnung der Gemütlichkeit über die angestammten Grenzen der Theresienwiese hinaus. Noch nie hat ein Verteidigungsminister behauptet, dass unsere Gemütlichkeit am Hindukusch verteidigt werden muss. Der traditionelle Gemütlichkeitsraum zu Füßen der Bavaria wurde durch alle Zeiten hindurch als ausreichend und zufriedenstellend empfunden.

Selbstverständlich gilt das Grundgesetz. Der Wiesnstaat gehört zum Beitrittsgebiet der Bundesrepublik Deutschland in den Grenzen von 1990. Die Würde des Menschen ist in der Praxis zwar oft aufgehoben, formal aber festgeschrieben in den Gesetzen. In der Präambel der ungeschriebenen Wiesn-Verfassung ist für jedermann festgehalten: Die Würde des Oktoberfestes ist unantastbar! Internationale historische Gesetze wie die *Bill of Rights*, und *La déclaration des droits de l'homme et du cito-*

yen gelten im Rahmen der Wiesnpräambel uneingeschränkt. Darüber hinaus gilt das Alte Testament mit allen seinen Regelungen, ebenso das Neue Testament inklusive Bergpredigt, die allerdings um einige Novellen ergänzt werden musste, um dem Wiesngeschehen insgesamt gerecht zu werden. Es gilt die Regelung: Wenn dir einer die linke Backe hinhält, schlag ihn auf die rechte! Außerdem sollten Sie wissen: Selig sind die Sanftmütigen nur bis zur ersten Maß! Die Friedfertigen trinken immer mehr! Die Friedfertigkeit nimmt ab der dritten, spätestens aber ab der vierten Maß rapide zu!

Die Beschlüsse des Zweiten Vatikanischen Konzils zur Frage des gerechten Krieges gelten uneingeschränkt. Die Zehn Gebote werden auf der Wiesn unerbittlich angewandt. Es gilt: Krug um Krug, Zahn um Zahn. Schädeldecke um Schädeldecke!

Es handelt sich hierbei um Sollvorschriften, also um eine Aufforderung zu einem bestimmten Verhalten, das im individuellen Oktoberfest-Kontext Ad-hoc-Auslegungen unterliegt. Konflikte werden sofort geregelt. Die Sofortregelung findet unter Einschluss der Öffentlichkeit statt und kann eine Fortsetzung vor den Gerichten des Freistaates Bayern finden. In seltenen Fällen auch unter Ausschluss der Öffentlichkeit. Angestrebt wird aber immer eine Sofortgerechtigkeit vor Ort auf der Wiesn. Gerichtsstand ist München. Das Oktoberfest ist der einzige Staat, der von einer ihn umgebenden Hauptstadt regiert wird. Man spricht daher von einer arrondierenden Hauptstadt.

Im Münchner Gemütlichkeitsstaat gelten die durch die Verfassung garantierten Gesetze. Die Grundrechte wie das Recht der freien Rede, der Reisefreiheit, der Menschenwürde, das Versammlungsrecht, das Recht,

Parteien zu bilden, das Steuerrecht, das Recht, Buden aufzustellen, das Mietrecht, das Abwasserrecht, das Bieslrecht, um nur die wichtigsten zu nennen, werden strikt befolgt.

Es handelt sich um einen Verfassungsstaat, in dem es eine feste Verfassung gibt und eine wechselnde Verfassung seiner Einwohner, je nachdem, wie viel Maß sie getrunken haben. Die Verfassungswirklichkeit ist daher bisweilen schwankend. Wahlen in herkömmlicher Weise finden nicht statt. Es wird, wenn überhaupt, mit den Füßen abgestimmt. Man steht auf und geht oder bleibt hocken. Was andernorts als Sitzblockade geahndet wird, ist auf der Wiesn normal und Ausdruck besonderer Verfassung.

Es werden keine Stimmen abgegeben. Die Stimmen werden zum gemeinsamen Singen gebraucht. Die Oktoberfest-Nationalhymne wird regelmäßig und häufig intoniert und laut und deutlich mitgesungen. Der Text ist kurz und prägnant: »Ein Prosit, ein Prosit der Gemütlichkeit! Oans, zwoa, gsuffa!«

Die Staatsform ist urdemokratisch. Die Verfassung entspricht weitestgehend der Verfassung des Freistaates Bayern, die sich nur unwesentlich vom Grundgesetz der Bundesrepublik Deutschland unterscheidet. Dennoch gibt es große Unterschiede zwischen Verfassung und Verfassungswirklichkeit. Der oktoberfestliche Staat verfügt über ein Volk, das sich freiwillig jeden Tag auf dem dafür vorgesehenen Hoheitsgebiet versammelt, um das Staatsziel der Gemütlichkeit zu erreichen. Dieses Gemütlichkeitsvolk besteht praktisch zu hundert Prozent aus Einwanderern, die bereit sind, noch am selben Tag wieder auszuwandern. Integrationsprobleme kommen praktisch nicht vor. Das Asylrecht gilt jeden Tag aufs

Neue bis zum Zapfenstreich und kann am nächsten Tag wieder in Anspruch genommen werden.

Es dürfte kaum ein anderes Volk auf der Welt geben, das mehr Mobilität aufweist. Es gelten die Menschenrechte, auch wenn immer wieder Gegenteiliges berichtet wird. Unabhängigkeitsbewegungen sind, falls es sie überhaupt einmal gegeben haben sollte, nie auffällig geworden.

Es handelt sich um einen temporären Staat, der für die Zeit der Wiesn aufgebaut und danach sofort wieder abgebaut wird. Der Wiesnstaat gründet sich jährlich im Herbst neu und nimmt sofort internationale diplomatische Beziehungen auf. Das Gipfeltreffen findet in höchst entspannter Atmosphäre statt, mehrmals täglich werden Kommuniqués über den gegenwärtigen Zustand der Gipfelteilnehmer herausgegeben und singend vorgetragen. Die Weltöffentlichkeit wird so stets aktuell über den Gemütlichkeitsverlauf informiert.

Unseres Wissens konstituiert sich mit der Wiesn der einzige Staat auf dieser Welt, der für eine jährlich wiederkehrende, eng begrenzte Zeit existiert. Die Angaben schwanken zwischen 16 und 18 Tagen. Tatsächlich verhält es sich aber so, dass der Wiesnstaat weder Anfang noch Ende aufweist. Er existiert wie ein ständig vor sich hin brodelnder Vulkan, der regelmäßig einmal im Jahr ausbricht.

Die Grenzen sind durch die Sicherheitskräfte der bayerischen Polizeien gesichert und werden scharf kontrolliert. Es gilt das Schengener Abkommen. In den letzten Jahren wurden die Sicherheitsmaßnahmen drastisch verschärft, weil die Gefahr von Anschlägen zugenommen hat. Erstaunlicherweise ist aber seit 1980 nichts mehr passiert. Wahrscheinlich deshalb, weil man um die

Wiesn einen Sicherheitsring aus Polizeifahrzeugen gezogen hat.

Bei der Einreise auf die Wiesn sollten Sie daher schweres Gepäck unbedingt zu Hause lassen. Wer mit Trolleys und Koffern angetroffen wird, muss mit scharfen Untersuchungen rechnen. Eine Einführung von Nacktscannern wurde bereits angedacht, ist aber bisher nicht beschlossen, weil man befürchtet, den Run auf dieses bildgebende Verfahren nicht bewältigen zu können. Die Polizei rechnet mit Warteschlangen von mehreren Kilometern und Rudelbildung vor den Geräten, zumal dieses Vergnügen umsonst angeboten werden müsste. Persönliches Abtasten bei Sicherheitskontrollen ist auf der Wiesn nach wie vor üblich, und zwar nicht nur durch geschultes Fachpersonal der Sicherheitskräfte. Es gibt immer mehr Wiesnbesucher, die sich aus Gründen der Sicherheit gegenseitig abtasten. Das führt manchmal zu Missverständnissen. Gerade weibliche Zielpersonen verstehen nicht immer, warum sie abgetastet werden müssen. Oft glauben die Damen nicht, dass diese Abtastpraktiken nur aus Gründen der Sicherheit durchgeführt werden. Sie fehlinterpretieren diese Untersuchungen als sexuelle Belästigung.

Die Leitkultur ist unangefochten bayerisch. Ein Blick auf die Kleidung des Wiesnvolkes genügt, um zu erkennen, dass die Gemütlichkeitswilligen freiwillig und mit großer Freude diese bayerische Leitkultur nicht nur tolerieren, sondern aktiv akzeptieren.

Das Volk in diesem Gemütlichkeitsstaat wechselt täglich in seiner internationalen Zusammensetzung. Amerikaner, Japaner, Chinesen, Italiener, Spanier, Südamerikaner, Griechen, Türken, Engländer, Australier, Neuseeländer, Afrikaner – Menschen aller Nationen unterwerfen sich willig den Gesetzen der bayerischen Gemütlichkeit und verlassen bierselig das Terrain, um in ihren Heimatländern davon zu schwärmen. Nationalistische Gefühle sind auf dem Oktoberfest kaum aufgetreten und wenn, dann wurden sie sofort in der Gemütlichkeit neutralisiert. Das Oktoberfest entfaltet eine enorm große völkerverbindende Kraft und lässt alle nationalen Gefühle zurücktreten und aufgehen in einem bayerischen Gemütlichkeitsgefühl. Alle werden Bayern!

De Celebratione Mensis Octobris

Warum heißt das Oktoberfest »Oktoberfest«? Eine brisante Frage, die wir unbedingt beantworten müssen. Wiesnexperten der Università Sapienza in Rom (Italien) behaupten übereinstimmend mit ihren Wiesnkollegen aus Princeton (USA), dies läge daran, weil es im September beginnt. Wir halten diese Antwort für schlüssig. Dieser scharfen Logik lässt sich kaum widersprechen. Es gibt sehr viele Leute, die sich damit zufriedengeben, und das ist natürlich ein gewichtiges Argument für die Richtigkeit der Annahme – aber eine befriedigende Antwort ist es nicht. Wenn es nicht im Oktober, sondern überwiegend im September stattfindet, müsste es doch logischerweise »Septemberfest« heißen.

Falls daher einer bei seiner Reiseplanung nicht aufpasst und gut gelaunt im Oktober zum Fest anreisen will, kann es durchaus passieren, dass es gerade vorbei ist und der enttäuschte Wiesnwillige nur noch beim Abbau dabei sein kann.

Es gibt beispielsweise Maifeste, die tatsächlich im Mai stattfinden. Und niemand kommt auf die Idee, sie deshalb Junifeste zu nennen. Es muss also beim Oktoberfest einen anderen Grund geben. Der manchmal geäußerte Verdacht, die Namensgeber wären bei der feierlichen Taufzeremonie schon total besoffen gewesen, konnte nicht erhärtet werden. Auch der Hinweis, in Bayern gingen eben die Uhren anders, hilft nicht viel weiter. Es muss andere Ursachen geben, die zur Namensgebung geführt haben. Eine nähere Betrachtungsweise des Phänomens stiftet allerdings noch mehr Verwirrung. Dabei stößt man zum Beispiel auf den Fakt, dass auf dem Oktoberfest Festbier ausgeschenkt wird, das den Namen des Monats März trägt. Es handelt sich um das süffige Märzen. Man könnte deshalb aus gutem Grunde das Oktoberfest auch Märzfest nennen und es trotzdem im September stattfinden lassen.

Gibt es vielleicht in Bayern ein prähistorisches Zeitgefühl der besonderen bayerischen Art, das sich wesentlich unterscheidet vom Zeitgefühl anderer Ethnien, beispielsweise der Friesen oder Schwaben? – Ganz auszuschließen ist das nicht. Denn wir finden in Bayern schon einige kulturelle Merkwürdigkeiten, die singulär, also nur für diese Kulturgemeinschaft, *the bavarian community,* gelten. So teilen die Bayern den Ablauf des klimatischen Jahres nicht in vier Jahreszeiten – Frühling, Sommer, Herbst und Winter – ein, sondern in fünf. Jene fünfte Jahreszeit schließt sich unmittelbar an den Winter an und endet direkt vor dem Frühling. Es handelt sich um eine reine Bierzeit, die Starkbierzeit, die übrigens mit der katholischen Fastenzeit identisch ist, auf dem höchsten Brauereigipfel der Stadt alljährlich ausgerufen und mit starkem dunklem Bier gefeiert wird. Obwohl dies oft im März stattfindet, wird kein Märzen ausgeschenkt, sondern ein Bockbier.

Um hier gleich wildesten Spekulationen vorzubeugen, es gilt auch in Bayern die gregorianische Kalenderreform vom Oktober 1582. Jedes Kind weiß heute, dass damals am Heiligen Stuhl in Rom ein Problem in der Zeitrechnung aufgetaucht war, dem sich der damalige Papst Gregor XIII. gewidmet hatte. Mei, was waren das für Zeiten, als der Papst sich noch um die Zeit kümmerte! Es war nämlich eine Differenz von zehn Tagen aufgelaufen, die sie nicht nur am Heiligen Stuhl zu viel gehabt haben. Mein lieber Schwan, da würde ich mich auch aufregen, wenn meine Uhr am Ende eines Jahres zehn Tage vorgeht und hinten und vorne nichts mehr stimmt. Wenn der Kalender weiter so geführt worden wäre wie damals, dann hätten die irgendwann nicht mehr gewusst, was sie mit den angehäuften Monaten und Jahren machen hätten sollen. Das war Zeit, die offiziell nicht abgelaufen war. Die hatten einen Zeitvorrat, von dem sie nicht gewusst haben, was in dieser Zeit geschichtlich hätte vor sich gehen sollen. Kriege, Revolution, Apokalypse, solche Angelegenheiten waren mit dem alten julianischen Kalender einfach nicht mehr genau zu terminieren. Möglicherweise wäre die Geschichte bestimmter Jahre einfach ausgefallen. Und so einen Geschichtsausfall konnte der Papst als oberster Eschatologe nicht zulassen. Das kann man verstehen, weil dann seine Rechnung am Ende aller Tage, am Jüngsten Tag, nicht aufgegangen wäre. Da wäre die Verwirrung groß gewesen. Stell dir vor, es ist Auferstehung, und du kommst zu früh. Bist auferstanden und stehst allein rum, weil es noch gar nicht so weit ist. Ja, do legst di nieder! Oder du kommst zu spät, nur weil etwas mit der Zeit nicht stimmt. Und deshalb hat der Papst damals vorgeschlagen, nach dem 4. Oktober 1582 gleich den 15. Oktober 1582 stattfinden zu lassen. Das war riskant, weil, wenn dazwischen wider Erwarten der Jüngste Tag angebrochen wäre, dann wäre die Gaudi groß gewesen. Das Oktoberfest jedenfalls wäre damals ausgefallen. Das erste Oktoberfest fand zwar erst 228 Jahre später statt, aber genau am 13. und 14. Oktober. Da können wir von Glück reden, dass es damals noch gar kein Oktoberfest gab. Vielleicht hat man in Bayern aus der Geschichte mit den gestrichenen Oktobertagen gelernt und sich gesagt, da gehen wir lieber auf Nummer sicher und fangen schon mal im September an; am Ende kommt wieder einer auf die Idee, eine Kalenderreform durchzuführen, und dann zwickt's uns. Es ist unwahrscheinlich, aber niemand ist vor solchen Willkürakten sicher.

Es gibt so viele Ungereimtheiten, was den zeitlichen Rahmen des Festes betrifft, dass man schon von Konfusion sprechen kann. Der Oktober ist der zehnte Monat des Jahres. Also müsste der Oktober eigentlich Dezember heißen, weil das ursprünglich bei den alten Römern der zehnte Monat war, sonst hieße er ja nicht Dezember. Es kann etwas nicht stimmen, wenn der zwölfte Monat der zehnte war und der zehnte der achte. Es ist rätselhaft. Doch scheint Absicht dahinterzustecken. Die vergleichende Oktoberfestforschung hat in ihrer Vierteljahresschrift zum Thema »Zeit und Fest« folgende Erklärung angeboten: Das römische Jahr umfasste angeblich zehn Monate. Es begann bei Tagundnachtgleiche im Frühjahr, wahrscheinlich »in den Iden des März«. Es gab aufgrund der vielen Aufgaben, die im römischen Imperium anstanden, den Wunsch der Feldherren, das Jahr auf zwölf Monate zu erweitern, weil man dann pro Jahr mehr Feldzüge, Eroberungen und Befriedungen durchführen konnte.

Es musste also eine Kalenderreform her. Der Jahresanfang wurde vom März zwei Monate nach vorne verlegt auf den Januar, der seinen Namen von der Gottheit des doppelgesichtigen Janus bezieht. Im römischen Kalender markierte der Januar zunächst den elften Monat des Jahres. Jetzt war er plötzlich zum ersten Monat mutiert. Der Februar müsste demnach logischerweise der zwölfte Monat gewesen sein, obwohl das Jahr ja angeblich nur zehn Monate zählte. Es herrschte bei den Römern offensichtlich der Wunsch vor, den Kalender immer wieder neu zu gestalten. Erschwerend kommt hinzu, dass die römischen Kaiser Monate beliebig umbenannten. Nero beispielsweise verfügte, dass der April seinen Namen tragen sollte. Hat sich nicht durchgesetzt. Der Juli, benannt nach Julius Cäsar, fungierte ursprünglich als Quintilius, also als fünfter Monat, obwohl er tatsächlich der siebte ist. Der achte Monat wurde Augustus gewidmet, obwohl er der sechste war und der namentlich achte Monat heute der zehnte ist. Wirklich von Glück können wir allerdings sprechen, dass sich nicht Kaiser Commodus kalendarisch verewigt hat, der den Oktober umbenennen ließ in Herkulesmonat, sonst würden wir heute von einem Herkulesfest sprechen müssen. Vielleicht stimmt ja, was die renommierten Historiker Asterix und Obelix immer wieder sagen: Die spinnen, die Römer! Wie es scheint, war das den Römern egal.

Den Bayern offenbar auch. Sei es, wie es sei. Das Zeitgefühl der Bayern wird jedenfalls maßgeblich durch das Oktoberfest bestimmt. Na ja, vielleicht trifft das nicht für alle Bayern zu. Es gibt auch Zeitgenossen, die sich von der Wiesn völlig unbeeindruckt zeigen. Wer aber in München daheim ist, kommt ihr einfach nicht aus. Sie prägt die Atmosphäre in der Stadt und beinflusst die Stimmung der Menschen im positiven wie im negativen Sinne. Die einen können sie kaum erwarten, die anderen ergreifen die Flucht und kehren erst nach dem letzten Wiesntag wieder zurück in die Stadt.

Die Wiesn durchdringt alle Lebensbereiche. Wirtschaft und Politik sind sowieso ganz narrisch auf die Wiesn, weil sie aufgrund des vorherrschenden Lärmpegels als abhörsicher gilt. Darum finden auf der Wiesn wirklich offene Gespräche statt. Wenn es wider Erwarten zu einem klaren Missverständnis kommen sollte, ist im Zweifel das Bier daran schuld. Auch Kultur und Kirche können sich den Kräften der Wiesn nicht entziehen. Beichtgespräche sind an der Tagesordnung. Absolutionen werden am laufenden Band erteilt und mit einer Maß besiegelt. Alle verlegen zur Wiesnzeit ihre Runden, in denen sie ohnehin das ganze Jahr über das Wesentliche und weniger Wesentliche ausmauscheln, in die Zelte. Die Wiesn ist ein fester Termin, der in allen Kalendern fett eingetragen ist. Das gesamte Jahresgeschehen bewegt sich auf diesen festlichen Höhepunkt zu.

Vielleicht sollte man der Ordnung halber doch einmal eine Reform anregen und eine Kommission zur Neubenennung des Oktoberfestes ins Leben rufen, damit endlich diese Sprachverwirrung ein Ende hat. Natürlich kann so etwas nur am Heiligen Stuhl in Rom geschehen durch eine Enzyklika *De Celebratione Mensis Octobris,* die als benediktinische Oktoberfestreform in die Annalen eingehen könnte. Falls unser Ansinnen kein Gehör finden sollte, was wir stark vermuten, gell, ja, mei, dann ist es wahrscheinlich so, dass der Heilige Stuhl an den wirklich brennenden Fragen der Zeit kein Interesse hat.

Raum-Zeit-Kontinuum

Es gibt einige wenige Grundbedingungen, die unser Dasein bestimmen und ohne die eine vernünftige Existenz schlechterdings gar nicht möglich ist. Dazu gehören das Klima, die Frauen, der Eros, der Tod, die Finanzkrise und die Verspätungen der Deutschen Bahn. All das sind Dinge, auf die wir nicht verzichten können, weil sie unser Leben überall auf der Welt bereichern. Aber was erst wäre unser Leben ohne das Raum-Zeit-Kontinuum? Nichts. Es würde uns in unserem Wahrnehmungsvermögen etwas Wesentliches fehlen. Ohne Zeit wüssten wir nicht, wie spät es ist, und ohne Raum hätten wir keine Ahnung, wo München liegt. Vermutlich hätten wir überhaupt keine Vorstellung von der Welt. Ohne das Raum-Zeit-Kontinuum wüssten wir auch nicht, wann und wo die Wiesn stattfindet. Wir wären total orientierungslos, und das wäre wirklich schade. Darum sind wir froh, dass es auch auf dem Münchner Oktoberfest gilt.

Es gibt zwar jedes Jahr Besucher, die, heldenhaft in jeder Beziehung, durch exzessives Trinken des Oktoberfestbieres versuchen, das Raum-Zeit-Kontinuum zu überwinden, aber bisher ist es noch keinem gelungen. Spätestens nachdem einer aus seinem Rausch wieder aufwacht, muss er feststellen, dass alles ist, wie es immer war. Selbst der Kater danach hat eine raum-zeitliche Ausdehnung. Es ist schon ziemlich beruhigend, dass es Gesetzmäßigkeiten gibt, die immer und überall auf dieser Welt gelten. Ganz gleich, wie spät es ist und wie viel man trinkt.

Dazu gehört die Erkenntnis, dass ein Ereignis nur eintritt, wenn bestimmte Voraussetzungen erfüllt sind. Das gilt auch für das Oktoberfest. Die wichtigste Voraussetzung ist gegeben durch den kontinuierlichen Willen zum Fest. Dieser Wille ist unumstößlich im Münchner Bewusstsein verankert. Es ist undenkbar, dass die Wiesn nicht stattfindet. Dieser Gedanke liegt jenseits aller Vorstellungen. Normalerweise beginnt sie um den 18. September herum und endet 16 Tage später mit dem letzten Wiesnsonntag in der ersten Oktoberwoche. Die genauen Termine können Sie auf der Website des Münchner Oktoberfestes (www.muenchner-oktoberfest.de) erfahren. Den umfangreichen Informationen, die dort dem neugierigen Besucher angeboten werden, kann man auch wie schon erwähnt entnehmen, dass die Wiesn seit ihrem Bestehen ein paarmal ausfiel; meist, weil irgendwer mit irgendwem im Krieg lag.

Im Jahr 1813 beispielsweise wurde es wegen der napoleonischen Befreiungskriege abgesagt. In den Kriegsjahren 1939 bis 1945 ließ man die Festlichkeiten ebenfalls ausfallen, weil das deutsche Volk auf Raumsuche im Osten war. Wie diese Unternehmung endete, ist bekannt. Die alliierten Luftverbände legten deutsche Städte in Schutt und Asche. Leider war auch »die Hauptstadt der Bewegung«, wie die Nazis München bezeichneten, Ziel ihrer Angriffe. Dass danach die Leute wenig Lust verspürten, ein Volksfest zu feiern, kann man verstehen. Heutzutage sind Luftangriffe auf München selten geworden. Zwillingstürme haben wir zwar auch, aber ein Angriff auf die Türme der Frauenkirche aus der Luft ist nicht zu erwarten.

Das erste Oktoberfest nach dem Zweiten Weltkrieg fand 1946 statt. Kaum waren die Nazis verschwunden – na ja, verschwunden waren sie nicht, sie waren überall, nur hat man sie nicht gleich überall erkannt, weil sie sich als Demokraten ausgegeben haben –, die Nazis waren also noch da. Und wie viele von ihnen im Herbst 1946 auf das kärgliche Herbstfest gingen, weiß kein Mensch. Auf der Theresienwiese wurde jedenfalls ein kleines Fest abgehalten, das entfernt an ein richtiges Oktoberfest erinnerte. Selbst in Notzeiten braucht also der Münchner sein Oktoberfest. Ist die Not auch noch so groß, die Gemütlichkeit hört einfach nicht auf! Es gab Dünnbier, und die Amerikaner erlaubten den Aufbau von 25 Ball-Wurfbuden. Schießbuden waren verboten. Nachträglich ist das noch heute schade, weil es bestimmt zu der Zeit in München viele ehemalige braun uniformierte Schießbudenfiguren gegeben hätte, auf die mancher gern geschossen hätte. Aber die Amerikaner werden schon gewusst haben, dass es besser ist, den Bayern und den Deutschen keine Waffen in die Hand zu geben. Leider hat sich dieses Wissen schnell verflüchtigt. 1947 erlaubten die Amerikaner das Aufstellen von Schießbuden bereits wieder. Allerdings nur zur Probe. Wahrscheinlich war die Leidenschaft für das Schießen einfach nicht zu bändigen.

1988 wäre es beinahe wieder ausgefallen. Nicht wegen Tschernobyl! Das war 1986. Dieses Unglück hatte keine Auswirkung auf die Wiesn. Es war übrigens auch nie ein Reaktorbau auf der Theresienwiese geplant. Lebensgefährlich war die Wiesn eigentlich nie. Bis im Jahr 1980 ein rechtsextremer Einzeltäter einen Bombenanschlag auf das Oktoberfest verübte. 13 Menschen starben dabei und 211 wurden zum Teil schwer verletzt. Der Leichnam des Attentäters war dermaßen verstümmelt, dass er nur anhand seines Personalausweises identifiziert werden konnte. Nicht einmal dieser schlimme Terroranschlag führte zu einem Abbruch des Festes. Auch die Anschläge vom 11. September 2001 in New York konnten das Oktoberfest nicht verhindern. Es wurde zwar drüber nachgedacht, aber man wollte sich von islamistischen Fanatikern die gute Laune nicht verderben lassen. Dann, so die Argumentation, hätten sie ja ihr Ziel erreicht. Das Oktoberfest hat bisher alle Angriffe überstanden.

Einmal allerdings wäre es um ein Haar zu einem Abbruch gekommen. 1988, als der bayerische Ministerpräsident Franz Josef Strauß nach einem Oktoberfestbesuch im Regensburger Forst auf der Jagd verstarb, wurde laut darüber nachgedacht, das Oktoberfest zu beenden, weil man den Leuten vor lauter Trauer nicht mehr zumuten wollte, zu feiern. Man entschied sich aber dann doch für eine Fortsetzung der Wiesn, vermutlich, weil es sonst zu viel Trauer auf einmal gewesen wäre. Der Verlust des Ministerpräsidenten und der Verlust des bayerischen Nationalfestes auf einmal wären des Guten zu viel gewesen.

Ein Jahr ohne die Wiesn ist in München nur schwer vorstellbar. Da müsste schon was wirklich Schlimmes passieren, ein Ereignis, das alle bis ins Mark erschüttert.

Da die Bayern hart im Nehmen sind und sehr viel ertragen können, ist eine Absage der Wiesn nahezu unmöglich. Selbst als die CSU die absolute Mehrheit im Lande einbüßte, wurde auf der Wiesn gefeiert. Es soll aber hier nicht der Eindruck entstehen, dass das Volk in Bayern gefühlskalt und zu wahrem Mitgefühl nicht fähig ist. Das stimmt überhaupt nicht. Im Gegenteil, wir können dem Wiesnvolk sogar eine besonders ausgeprägte Empathie bestätigen. Dennoch ist man auf der Wiesn der Meinung, dass man trotz aller Widrigkeiten, die das Leben bereithält, fröhlich sein kann, ja muss. »Schwoam ma's obi!«, ruft der Bayer traurig und hebt den Krug zu einem Prosit der Gemütlichkeit.

Ernüchtert werden wir feststellen können, dass das Oktoberfest in jeder Beziehung einen Zustand extremster menschlicher Existenz anstrebt. Ein gelungener Wiesnbesuch endet mit einem Außer-sich-Sein im dionysischen Sinn. Der Mensch erfährt auf dem Oktoberfest im Idealfall eine gesteigerte Form des Menschseins im Dasein, das gelegentlich im Jenseits endet. Wobei es Leute gibt, die behaupten, das Oktoberfest erinnere sie ohnehin an jenseitige Räume – an Hölle, Fegefeuer und natürlich den Himmel.

Der Himmel auf Erden

Weltuntergang, Jüngster Tag, Auferstehung der Toten, Jüngstes Gericht, Auflösung der CSU und vergleichbar Schreckliches gehen auch am Oktoberfest nicht spurlos vorbei. Doch selbst in diesen Fällen würde man lange debattieren, ob es wirklich sein muss und ob es nicht für alle Beteiligten besser wäre, erst einmal das Ende des Oktoberfestes abzuwarten, um danach in aller Ruhe den Jüngsten Tag anbrechen zu lassen. Zumal ohnehin viele das Gefühl befällt, sie erlebten die Auferstehung von den Toten, wenn sie nach einem ordentlichen Rausch wieder zu sich kommen.

Es wäre sicher im Sinne des Herrn und entspricht der Traumvorstellung vieler überzeugter Wiesnfans, wenn mit dem Versiegen der Zapfhähne am letzten Wiesnsonntag das Reich Gottes auf Erden errichtet würde. Mein Gott, wäre das eine Dramaturgie! Die Wiesn als *Warming-up* fürs Jüngste Gericht! Mit dem Finale des Oktoberfestes wäre der Jüngste Tag mit allen seinen Folgeerscheinungen sozusagen der erste Event in der beginnenden Ewigkeit.

Würde das Ende der Welt dagegen mitten ins Oktoberfest fallen, wäre die Stimmung gleich am Anfang beim Teufel. Die Leute wären stinksauer. Ein verkürztes Oktoberfest wäre sicher nicht im Sinne des Herrn. Wobei mancher ohnehin das Gefühl nicht loswird, das Oktoberfest sei bereits ein vorgelagerter Zustand der jenseitigen Räumlichkeiten, ein outgesourcter Bereich der Ewigkeit. Dabei handelt es sich aber nur um individuelle Empfindungsweisen, die wir nicht verallgemeinern wollen. Umgekehrt gibt es nämlich auch Stimmen, die das Oktoberfest für einen der neun Höllenkreise halten, wie sie in Dantes *Göttlicher Komödie* anschaulich beschrieben werden. Wir (diesmal sind damit meine Tochter und ich gemeint; sie hat nämlich eine Seminararbeit über die *Göttliche Komödie* geschrieben und ist mit den Gegebenheiten vertraut) können weder das eine noch das andere bestätigen. Wie es scheint, ist für viele Menschen die Wiesn der Himmel auf Erden, und es scheint ebenso viele zu geben, die sie als Höllenqual erleben. Vielleicht ist sie deshalb vor allem bei gläubigen Christen so beliebt, weil sie in der Lage ist, die klassischen christlichen Jenseitsvorstellungen von Himmel und Hölle hervorzurufen.

Auf der Wiesn gibt es keine dominante Religion. Es herrscht Religionsfreiheit. Der Katholizismus ist zwar in Bayern vorherrschend, aber es wird niemand mehr zum katholischen Glauben gezwungen. Wir finden in Bayern alle Glaubensrichtungen. Altkatholiken, Neukatholiken, Protestanten, Juden, Jehovas Zeugen, Schiiten, Alewiten, Sunniten, Hindus, Buddhisten, gläubige Atheisten, Darwinisten, Kreationisten, Scientologen und einige andere, die genau wissen, wohin der Mensch geht, wenn er das

Zeitliche segnet. Es wird in der Tat ziemlich viel und unterschiedlich geglaubt.

Man kann das Oktoberfest in München daher nicht wirklich als Ausdruck rein katholischer Lebensfreude identifizieren. Es amüsieren sich Menschen der verschiedensten Glaubensrichtungen. Im Grunde genommen ist die Wiesn ein areligiöses Fest, war ihr Anlass doch eine Prinzenhochzeit.

Der Islam ist bisher auf dem Oktoberfest nicht in Erscheinung getreten. Eine Moschee ist weder gefordert noch geplant. Auch ein Zelt, das ausschließlich Gästen aus dem islamischen Kulturkreis Platz bietet, ist momentan von den Münchner Brauereien nicht angedacht. Einer zukünftigen Weiterentwicklung der Wiesn zu einer in Teilen muslimischen Feierkultur sieht der Münchner Wiesnausschuss mit »großer Gelassenheit« entgegen. Falls die Nachfrage dafür entstehen sollte, wird man sich nicht zur Wehr setzen und zusammen mit den Münchner Brauereien auch ein muslimisches Zelt mit einer muslimischen Maß, die selbstverständlich alkoholfrei sein wird, aufstellen. Wenn die Zeit dafür reif ist, wird man nach Rücksprache mit der deutschen Islamkonferenz auch in Bayern einen »bayerischen Islam« installieren können und zu einer für alle verträglichen muslimisch-katholischen Wiesnlösung kommen. Aus Kreisen der Grünen Partei hört man, dass die Wiesn als multikulturelles Fest allen religiösen Gruppen offenstehen muss.

Wir hegen allerdings den Verdacht, dass buddhistische Gelassenheit und tibetischer Gleichmut eher hinderlich sind, um auf der Wiesn voll auf seine Kosten zu kommen. Und mit Mantras wie *ohhhmmm* und *nam myoho renge kyo* werden sie musikalisch nicht mithalten können.

Who the fuck is Alice?

Welcher mit törichtem Herzen hinanfährt und der
Sirenen
Stimme lauscht, dem wird zu Hause nimmer die
Gattin
Und unmündige Kinder mit freudigem Gruße
begegnen:
Denn es bezaubert ihn der helle Gesang der Sire-
nen...

(Odyssee, 12. Gesang)

Ja waren denn die alle auf der Wiesn? Wenn ich es nicht
besser wüsste, würde ich glatt behaupten, der alte Homer
war auch da. Wenn man diesen Gesang genauer analy-
siert, drängt sich unweigerlich der Verdacht auf, dass
es hierbei um die Beschreibung einer oktoberfestlichen
Gesangsdarbietung handelt. Die Sirenen sind selbstverständlich identisch mit all den wunderschönen Mädchen
in ihren reizenden Dirndln, die den in der Fremde odys-

sierenden Helden um den Verstand bringen. Während die Sirene daheim ihren verführerischen Gesang in den Kochtopf haucht, um die unmündigen Kinder zu nähren. Wenn allerdings der Herr »mit törichtem Herzen« nach einem Wiesnbesuch mit Sirenenbegleitung daheim ins Haus fällt, von Freude erfüllt ob seiner siegreichen Heimkehr, dann wird er staunen, mit welcher Stimmgewalt seine Gattin ihn empfängt.

Dass Singen lebensgefährlich sein kann, wissen wir, wie vieles andere auch, aus den Erzählungen Homers. Als Odysseus auf seiner Irrfahrt mit seinem Schiff an den Sirenen vorbeisegelt, lässt er sich an den Mast fesseln, weil er sich andernfalls wegen des schönen Gesangs der Sirenen ins Meer stürzen müsste. So was kann natürlich immer vorkommen. Rein theoretisch ist das auch auf der Wiesn möglich, aber selten bringt sich einer auf der Wiesn um, weil eine Sirene neben ihm oder vor ihm so herzerweichend singt, dass dieser Wohlklang nur noch mit dem Tod zu besiegeln ist, weil man danach nichts mehr hören will. Das kann man nachvollziehen, denn wenn man einmal das Schönste an Tönen, was es auf dieser Welt gibt, übers Ohr zu sich genommen hat, dann langt das bis in alle Ewigkeit. Solche akustischen Hypnosen, mit denen das hörende Subjekt die »Selbstentriegelung« einleitet, sind auf der Wiesn gar nicht so selten. Zu kompletten Kontrollverlusten kommt es immer wieder. In Verbindung mit den Genüssen des Festbieres sind musikalische Seelenzustände möglich, die unter normalen Umständen nicht erreicht werden können.

Es sind zwar durch die Gesänge der Wiesnchöre in den Zelten noch keine orpheusschen Wirkungen beobachtet worden, aber die Schönheit der Vielstimmigkeit ist einmalig. Orpheus konnte nicht nur Steine zum

Schmelzen, sondern sogar Unbewegliches wie Bäume zum Laufen bringen. Typisch Wiesn! Auch hier bewirken die Gesänge, dass selbst eingesessene Hocker Bänke und Tische besteigen, um sich im Rhythmus tanzend zu bewegen. Und zwar nicht einfach so, wie es ihnen gerade einfällt, sondern nach einer festen Choreografie. Es genügt nämlich nicht, den Text mitsingen zu können, man muss auch die passenden Tanzbewegungen dazu beherrschen. Das sind meist stringent durchdachte und hochkomplexe Bewegungsabläufe zu Befehlen wie:

Die Hände zum Himmel! – Komm, hol das Lasso raus! – Flieg, flieg, flieg! und *Schwimm, schwimm, schwimm!*

Ich weiß jetzt nicht, ob Orpheus seine Lieder ebenfalls mit lieblichen Tanzschritten unterlegt hat. Leider schweigt dazu die gesamte Sekundärliteratur. (Haben sie wieder nicht intensiv genug geforscht, die Kollegen vom Altertum.) Jedenfalls hätte es der Orpheus fast geschafft, seine geliebte Eurydike aus dem Reich der Toten zurückzusingen zu den Lebenden, wenn er nicht so ungeduldig gewesen wäre. (Weil er es nicht erwarten hat können, der Depp, und sich zu früh umgedreht hat!)

Auf der Wiesn ist es durchaus möglich, dass es unter Umständen zu temporären Reinkarnationen legendärer Sänger kommt. Kann sein, dass plötzlich ein Jimi Hendrix mit einer Luftgitarre neben Ihnen steht und ein lautes *Hey Joe* röhrt, obwohl Sie gar nicht so heißen.

Einer Pavarotti-Inkarnation habe ich persönlich auf der Wiesn noch nicht beiwohnen dürfen, aber den Gefangenenchor aus *Nabucco* habe ich selber schon gesungen. Natürlich mit allen anderen Gefangenen im Zelt. Es war eine emotional tief ergreifende Szene. Mei, haben wir schön gesungen! Und alle ohne Text. Eine Sternstunde!

Es gibt aber auch Gesänge, da hilft nur noch, Wachs in die Ohren stopfen oder sich wie Odysseus festbinden lassen, weil man sich sonst ins Meer stürzen muss, um sofort zu ertrinken. Diesbezüglich sind auf der Wiesn die Gefahren gering. Absaufen kann man natürlich schon, aber den Tod durch Ertrinken kann man praktisch ausschließen. Und die Isar ist einfach zu weit weg. Bis man die erreicht, haben die betörenden Gesänge ihre Wirkung schon wieder eingebüßt.

Der Ohrenzauber in den Zelten ist wesentlicher Bestandteil des gelungenen Erlebens auf der Wiesn. Ich rate Ihnen, sich vor Ihrem Zeltbesuch mit den wichtigsten Melodien vertraut zu machen. Ich weiß nicht, ob inzwischen spezielle Gesangskurse angeboten werden. Falls nicht, sollten Sie Ihre Stimme unbedingt trainieren. Einsingen ist hilfreich. Daheim in der Familie oder mit Freunden können Sie Text und Melodien gemeinsam einüben, um auf der Wiesn im Ernstfall aus vollem Hals mitsingen zu können.

Das Liedgut ist zum Teil mit Texten versehen, die hochphilosophische Zusammenhänge thematisieren. Auch Sorgen des Alltags, Orientierungsfragen und Grundsätzliches der Conditio humana werden angesprochen: *Life is Life* wird in einem Lied behauptet und mit einem kräftigen *Na-Na, NaNaNa* gleich wieder negiert. Falls Sie bei sich jetzt den drängenden Impuls zur kritischen Analyse des Textinhaltes verspüren, so rate ich Ihnen: Lassen Sie es! Die Melodien aller Wiesnhits setzen auf Kontinuität und machtvolle Wiederholung. Sie gehen immer weiter, sodass Einwände gegen die Komposition oder gar den Text fruchtlos verhallen.

Manche Liedtexte stellen Fragen nach dem Leben älterer Personen, die man länger nicht gesehen hat, und man nutzt auf der Wiesn die Gelegenheit, zusammen mit vielen anderen die Frage singend zu stellen: *Lebt denn der alte Holzmichel noch?* Oder man gibt eine musikalische Suchmeldungen auf: *Wo, wo bist du?* Wobei die gesuchte Person nicht namentlich genannt wird, was die Suche sichtlich erschwert. Die Antwort bleibt der Text des Liedes daher schuldig, was eine immerwährende Wiederholung der Suchmeldung nötig macht. Hier wird schon eine erste Besonderheit deutlich. Die Texte des traditionellen Wiesnliedgutes leben von der Wiederholung des immer Gleichen auf die immer gleiche Melodie. Hier haben wir es mit der musikalischen Entsprechung der Kreisbewegung zu tun, die wir im geometrischen Feld der Wiesn bereits als unverkennbares Brandzeichen identifiziert haben. Es drehen sich nicht nur die Karussells im Kreis. Auch die Lieder beschreiben immer wieder den Kreis und huldigen damit der ewigen Wiederkehr.

Manchmal kommt es zu Bekenntnissen der ganz persönlichen Art, die von allen im Chor bestätigt werden. *Ich war noch niemals in New York* behauptet auf einmal ein ganzes Zelt, wobei niemand aufsteht und freudig ruft: »Ich schon!« Im Anschluss daran huldigt das ganze Zelt dem *griechischen Wein*, obwohl sich alle an Bierkrügen festhalten. Solche Paradoxa sind kein Problem. Sie zeigen sehr eindrucksvoll, dass man mit gegensätzlichen Positionen, die im krassen Widerspruch zur Realität stehen, musikalisch souverän umgehen kann. Daran anschließend bekennt der Wiesnchor: *Koa Hiatamadl mog i net.* Obwohl viele Hiatamadl anwesend sind und der Text eine gewisse Diskriminierung zum Ausdruck bringt, denkt niemand ernsthaft daran, deswegen den Europäischen Gerichtshof für Menschenrechte in Straßburg anzurufen, auch die Frauenbeauftragte der

Wiesn hat noch keinen Antrag auf Streichung dieses Liedes aus dem Repertoire der Wiesnkapellen gestellt.

Hey Baby sollten Sie unbedingt mitsingen können.

Hey Baby gehört inzwischen zu den großen bayerischen Volksliedern, weil es eine der wichtigsten Aussagen, die auf dem Oktoberfest geäußert werden kann, musikalisch überzeugend formuliert. *Hey Baby*, gefolgt von einem fragend zustimmenden *Hu – Ha*? passt immer, besonders beim Einüben bayerischer Balzrituale. Das Baby, um das es in diesem Lied geht, hat nichts mit Alice zu tun, die *next door* lebt, die aber niemand zu kennen scheint, weil das gesamte Zelt regelmäßig empört ruft: *Who the fuck is Alice*? Alice selber hat sich bisher dazu nicht geäußert, sodass wir davon ausgehen können, dass sie entweder nicht auf die Wiesn geht, oder aber sie befindet sich im Zelt und tut so, als wäre sie nicht gemeint, weil sie im Rotlichtmilieu tätig ist und einen *Skandal im Sperrbezirk* verhindern will. Dieses Lied gehört zum festen Kanon der Münchner Hymnen, die man unbedingt mitsingen können muss. Dazu zählen auch das Lied von der *Schickeria*, das sich kritisch mit der Münchner Bussi-Bussi-Gesellschaft auseinandersetzt, und *Der Anton aus Tirol*, mit dem sich deutlich hörbar auch alle anwesenden weiblichen Personen identifizieren: »Ich bin so schön, ich bin so toll …«, bis hierher aus weiblicher Sicht noch nachvollziehbar, aber dann folgt: »… Ich bin der Anton aus Tirol!« Tiefenpsychologisch gesehen also ein äußerst heikles Lied, da es eindeutig auf eine schizoide weibliche Rollenproblematik hinweist – oder outen sich damit die Mädels als maskuline Transvestiten?

Ein unverzichtbares Lied auf der Wiesn, weil es sich mit dem Heimatgedanken befasst und eine Bitte um eine Mitfahrgelegenheit musikalisch vorträgt, sollten Sie auf jeden Fall so laut es nur geht mitsingen. Es wird leider in einem seltenen bayerischen Dialekt gesungen, aber es sollte Ihnen keine Schwierigkeiten machen, miteinzustimmen, denn Sie haben es bestimmt schon mal gehört: *Take me home, country roads.*

Ebenfalls ans Herz legen möchte ich Ihnen ein Lied von dem bayerischen Volkssänger Wolfgang Petry: *Das ist Wahnsinn, warum schickst du mich in die Hölle…* Da freut sich die Seele höllisch mit einem dreifach gebrüllten »Hölle! Hölle! Hölle!«, weil in der Hölle logischerweise die Hölle los ist und deshalb alle begeistert einstimmen. Auch ein sozialkritischer Text, der eine Lösung für die prekäre Lage von Hartz-IV-Empfängern anbieten möchte, nimmt seit Jahren unter den Wiesnhits einen vorderen Platz ein: *Ein Bett im Kornfeld, das ist immer frei…*

Übrigens können Sie, falls Interesse besteht, auf die Empore zur Kapelle hinaufsteigen und gegen ein kleines Entgelt einen speziellen Liedwunsch erfüllt bekommen. Noch schöner ist es allerdings, wenn Sie einmal oben stehen und die Kapelle dirigieren dürfen. Sie brauchen keine Angst zu haben, dass die Kapelle das spielt, was sie dirigieren. Die spielen von allein. Genauso wie am zweiten Wiesnsonntag beim traditionellen Standkonzert aller Wiesnkapellen an der Bavaria sich keiner der Musiker nach den Dirigenten richtet. Die bayerische Blasmusik spielt komplett am jeweiligen Dirigenten vorbei, beziehungsweise der Dirigent richtet sich nach der Kapelle. Anders geht es in Bayern auch gar nicht. Ein gar nicht so seltenes Phänomen in Bayern tritt hier deutlich zutage. Auch der bayerische Ministerpräsident richtet sich oft nach der Musik, die grade gespielt wird. Es kam schon vor, dass einer seinen Willen gegen die Kapelle durchsetzen wollte, er ist meistens kläglich gescheitert. Weil eine Blasmusik immer mächtiger ist als derjenige, der vorn steht, hat sie schon manchem den Taktstock aus der Hand geblasen. Aber beim Standkonzert wissen die Laiendirigenten, was sich gehört. Egal wem grade der Marsch geblasen wird, ob Wiesnchefin, Oberbürgermeister oder einem Wirtesprecher, jeder versucht den Stock möglichst synchron zur Musik zu bewegen. Und weil das kaum einer beherrscht, scheitern sie alle miteinander, aber kaum einer merkt es. Neben den eher modernen Liedern werden selbstverständlich immer noch die alten traditionellen Volkslieder gespielt, jedoch meist nur am frühen Nachmittag.

Auch wenn sich Ihr musikalisches Empfinden gegen das eine oder andere dieser musikalischen Meisterwerke sträuben sollte, ein Lied müssen Sie unter allen Umständen beherrschen: *Sierra Madre del Sur*. Für alle Erdkundigen ein absolutes Highlight, denn hier wird der Mutter des Südens, einem weltweit bekannten Gebirgszug in Mexiko, ein musikalisches Denkmal gesetzt. Da führt kein Weg dran vorbei, da gibt es überhaupt keinen Radi, das ist absolute Pflicht. Sie müssen es einmal erlebt haben. Am letzten Wiesnsonntag, wenn das Licht ausgeht und jeder einen Sternwerfer entzündet, um ihn traurig schwenken zu können, weil die Wiesn für ein Jahr schließt, muss man diesen Text können:

Und sie denken daran
Wie schnell ein Glück oft vergeht
Und aus tausend Herzen
Erklingt es wie ein Gebet.
Sierra, Sierra Madre del Sur...

(Zillertaler Schürzenjäger, 118. Gesang)

Das ist ein einmaliger Ohrenzauber. Die Tränen fließen. Es ist so traurig auf einmal. Es ist die Traurigkeit des Daseins. Es ist auch die drohende Endlichkeit. Die Endlichkeit ist immer anwesend. Nicht nur auf der Wiesn, aber da besonders, weil jeder von vornherein weiß, dass es irgendwann vorbei ist, auch wenn der Kreis Hoffnung macht auf einen unendlichen Fortgang. Aber es fehlt die Gewissheit. Und das macht traurig. Die Musik tröstet darüber hinweg.

Grade auf der Wiesn ist es ein Ansingen gegen die Endlichkeit des Daseins. Grade auf der Wiesn befällt mich oft eine Melancholie. Und oft hab ich mich gefragt, woran das liegen mag, dass mich mitten in der Fröhlichkeit fröstelt, weil mich etwas eiskalt anhaucht.

Da nützen auch die unaufhörlichen Kreisprozesse wenig, die glauben machen sollen, dass immer alles weitergeht. Der Kreis soll Zuversicht geben. Die fröhliche Kreisfahrt nährt die Illusion des Unaufhörlichen. Doch, so empfinde ich das. Eigentlich soll die Wiesn ablenken von der Vergänglichkeit. Aber der schwarze Spezl kauft sich leider keine Maß! Darum kann die Wiesn so traurig sein. Am letzten Wiesnsonntag, abends nach der letzten Maß, hilft nur noch Musik. *Sierra Madre del Sur.*

Und mancher stellt sich die Frage: Wo sind wir, wenn wir Musik hören? Wo befinden wir uns, wenn wir gemeinsam singen, gemeinsam Atem holen und gemeinsam ein Ende finden im gleichen Rhythmus und Tempo und bis zum letzten Ton ans Ende kommen, wo es plötzlich ganz still ist? »Musik ist dämonisches Gebiet.« Hat ein ganz ein schlauer Mensch gesagt. Teuflisch ist es schon, das Terrain der Töne. Man kann es nicht in Worten wiedergeben. Man wird von einer Schwingung getragen, und die Seele schwebt. Und man hat manchmal den Eindruck, dass etwas aus einer anderen Welt herüberklingt; selbst wenn man weiß, dass man selber singt, kommt es einem so vor, als wäre man es nicht. Die Musik ist ein Teil in uns, die Schwingung kommt von drüben, aus der Ewigkeit, und bringt in uns eine Membrane in Bewegung, und wir hören uns selber klingen. – Jeder ist des andern Instrument. Bloß gut, dass kein Meer in der Nähe ist, sonst würde man sich hineinstürzen, so schön ist es.

Babylonische Sprachverständigung

Ubi caritas gaudet, ibi est festivitas, sagt der Lateiner, und der sagt viel, wenn ihm grad nichts Besseres einfällt. Wo die Caritas sich freut, da ist ein Fest. Wo die Caritas auf der Wiesn ihren Stand hat und ob sie dort lateinisch sprechen, können wir nicht sagen. Das große Latinum ist nicht unbedingt nötig, wenn Sie auf die Wiesn gehen. Es ist aber nicht auszuschließen, dass Sie in humanistisch gebildete Kreise geraten, die auf einmal beginnen, sich lateinisch zu unterhalten. Latein wird in Bayern zum Teil noch als Fremdsprache gepflegt. Es gibt nach wie vor einige humanistisch Gebildete in Bayern, die mit ihren Lateinkenntnissen nicht hinter dem Berg halten. Mittendrin halten es diese Humanisten für angebracht, Unverständliches von sich zu geben. *Nunc est bibendum!*, rufen sie *ad hoc*. Versuchen Sie erst gar nicht, zu verstehen, was damit gemeint ist. Bleiben Sie gelassen! Immer richtig reagieren Sie, wenn Sie kurzerhand Ihren Maßkrug anheben und *vocativ* fordern: Schwoam ma's obi!

Wie die Wiesnzeit überhaupt ein Dorado für Sprachwissenschaftler ist. Es wird an ein und demselben Biertisch in den verschiedensten Zungen gesprochen, selbst Landsleute haben nur eingeschränkte Verständigungsmöglichkeiten, was zum einen mit der Phonzahl der Kapelle und dem Lärmpegel im Bierzelt zusammenhängt, zum anderen aber auch mit den Promillewerten der Sprachuser. Die Verständigung wird mit zunehmendem Alkoholgehalt immer besser. Im nüchternen Zustand hingegen kann die Kommunikation in das totale Unverständnis übergehen. Auf der Wiesn sind beide Extreme in verschiedenen Reifegraden hautnah zu erleben. Auf dem Oktoberfest werden alle Sprachen gesprochen, wobei am zweiten, dem mittleren Wochenende eine linguale Ausnahmesituation herrscht.

Man merkt das schon ein paar Tage bevor die Wiesn losgeht. Es rollen immer mehr Wohnwagen durch die Stadt und nehmen Aufstellung in den Seitenstraßen der engeren und weiteren Umgebung rund um die Theresienwiese. Wenn Sie jetzt meinen, das können nur die Holländer sein, liegen Sie falsch, es sind Italiener, die vom Wohnmobil aus die Wiesn bevölkern. Der Italiener mutiert zur Wiesnzeit sozusagen zum Holländer.

Es führen nicht alle Wege nach Rom. Und wenn doch, dann nur über München. Zumindest im Herbst zur Wiesnzeit. München sei die nördlichste Stadt Italiens, hört man manchmal die Leute sagen. Und es stimmt ja auch. Man braucht nur mit offenen Augen durch die Stadt zu streifen und entdeckt ein italienisches Zitat nach dem anderen. Wer die Ludwigstraße vom Odeonsplatz stadtauswärts schaut, wird feststellen, dass diese Prachtstraße komplett der Via Appia entspricht. Sie findet ihren vorläufigen Abschluss in einem klassischen römischen

Triumphbogen, dem Münchner Siegestor. Der Monopteros in der Münchner Villa Borghese ist dem Pantheon in Rom nachgeahmt und wirkt in seiner Reduktion als Ironisierung römischer Klassik. Das Hofbräuhaus ist typisch für die frührömische Renaissance im nördlichen Alpenraum des 20. Jahrhunderts. Es wundert mich, ehrlich gesagt, schon, dass noch niemand auf diese offensichtlichen italienischen Indizien in München hingewiesen hat. Das Banausentum greift immer mehr um sich!

Man liest immer nur von der Theatinerkirche, die nördlich der Alpen als größter sakraler Renaissancebau gilt, und der Feldherrnhalle, die der Loggia dei Lanzi in Florenz nachempfunden sei. Dabei sieht man schon auf den ersten Blick, dass gerade bei diesen Bauten die italienische Herkunft eher ungewiss ist. Aber was soll's! Italienischen Stil und Geschmack entdeckt man in München an jeder Ecke. Das Rathaus am Marienplatz erinnert doch jeden Kunstkenner sofort an den venezianischen Dogenpalast. Oder vielleicht nicht?

Auch in den zahlreichen italienischen Lokalen sind die dekorativen Bezüge zu Italien unübersehbar. Das muss man zugeben, die italienischen Wirte gestalten ihre Pizzerie und Ristoranti in München nach heimatlichen Motiven. Wandmalereien mit Ätna und Vesuv und andere Idyllen zieren die Wände. Die Münchner gehen gern italienisch essen und lieben es, wenn sie der Wirt mit Dottore oder Professore begrüßt, was nur dem allgemeinen Trend zu italienischen Ausdrücken im Bayerischen entspricht. Das Italienische ist insgesamt auf dem Vormarsch in Bayern. Inzwischen spricht jeder Bayer einigermaßen Italienisch. Oft führt er mit einem minimalen Grundwortschatz von fünf bis zehn Wörtern interessante Gespräche.

Seit Jahrhunderten fühlen sich die Bayern den Italienern freundschaftlich verbunden. Die Beziehungen sind wirklich sehr eng. Und nicht erst seit gestern. Der deutsche Kaiser Friedrich II. ist in Palermo bestattet. Es war ein natürlicher Tod. Etwas Genaues weiß man nicht, aber er hat lange in Sizilien gelebt und war als Federico bekannt. Es ist übrigens gar nicht so selten, dass ein deutscher Bürger in Italien gezeugt wird und sich entschließt, dort zu leben. Viele haben in der Toskana ein Haus. Deutsche Frauen schwärmen von italienischen Schuhen und deutsche Männer von italienischen Anzügen. Man kann sagen, die Deutschen mögen Italien. Sie besuchen das Land nach wie vor in einem Ausmaß, dass man in den Urlaubsmonaten in manchen Gegenden schon von Landnahme sprechen kann. Aber merkwürdigerweise gibt es relativ wenig Gegenbesuch.

Außer am »italienischen Wochenende«, wenn die Italiener das Oktoberfest besetzen. Sie fühlen sich daheim, was verständlich ist, weil sie ja in eine italienische Stadt kommen und Landsleute treffen. Der Italiener befindet sich praktisch nicht im Ausland, sondern in der nördlichsten Stadt seines Heimatlandes. Es kann sich perfekt verständigen, er trifft nur Landsleute, die mit ihm italienisch sprechen, weil sie ja nur Italienisch können. Auf der Wiesn gibt es nur ein großes Verstehen. Die Kommunikation funktioniert auch mit Händen und Füßen.

Was uns in Bayern immer wieder erstaunt, ist, dass Italiener so viel Freude am bayerischen Bier haben. Wir glauben immer, sie seien Weintrinker und betrachten Bier als eher unkultiviertes Getränk, aber das stimmt nicht. Auf dem Oktoberfest können Italiener vom bayerischen Bier nicht genug kriegen. Sie haben allerdings relativ schnell genug davon.

Sie gehören zu den lustigsten Wiesngästen. Man erkennt sie relativ leicht an ihrem Outfit. Sie verweigern sich noch weitgehend der bayerischen Tracht und gehen oft in einer Jeans auf die Wiesn, scheinen aber ein Faible für Hüte zu haben. Sie gehören zu jenen Leuten, die Spaß daran haben, mit einer saudummen Kopfbedeckung rumzulaufen. Der Bierfasshut bedeckt oft einen Italiener.

So ein Hut scheint auch auf die Region darunter einzuwirken. Italiener im jugendlichen Alter treten oft sehr selbstbewusst auf und gehen davon aus, dass Münchner Mädchen von einem *latin lover* träumen und dass sie, die jungen Männer, unwiderstehlich seien. Sie legen ohne viel Aufhebens gleich den Arm um die Auserwählte, was noch einer der harmloseren Anmachversuche ist. Manche dieser Machos glauben, dem Mädchen den Rock hochzuheben sei lustig. Wie mir leidgeprüfte Mädels berichteten, hilft in solchen Fällen nur eines: Gar net erst ignorieren.

Die überwiegende Mehrheit allerdings verhält sich anständig. Mei, es ist Wiesn, da kann es schon zu ein paar abweichenden Umgangsformen kommen. Das Italienerwochenende ist sicher eine Extremform der neuzeitlichen Völkerwanderung, seltsam ist nur, dass es kein griechisches, spanisches, ungarisches, schwedisches, niederländisches und schon gar kein türkisches Wochenende auf der Wiesn gibt. Ein amerikanisches oder japanisches Wochenende gibt es nicht, weil die ganzjährig durch Bayern ziehen. Wenn sie nicht grade auf der Wiesn sind, dann sind sie im Hofbräuhaus oder treiben sich in den Königsschlössern herum.

Franzosen kommen nicht sehr viele auf das Oktoberfest. Wahrscheinlich liegt es daran, dass die Stimmung dort nicht hinreichend den Extremen der französischen Seele entspricht, wie sie Egon Friedell in seiner *Kulturgeschichte der Neuzeit* anschaulich beschreibt: »Die beiden Extreme zwischen denen die Seele Frankreichs hin- und hergeschleudert wird, heißen Pedanterie und Narrheit, und beide wurzeln in ein und derselben Grundeigenschaft – auffallender Mangel an Sinn für Realität.«

Er nimmt hier Bezug auf die Ereignisse der Französischen Revolution von 1789.

Einen Mangel an Sinn für Realität könnte man auch bei den Bayern leicht feststellen, und Narrheit und Pedanterie sind den Bayern auch nicht fremd. Vielleicht kommt das daher, dass die Bayern sich immer schon nach Frankreich hin orientiert haben. Geschichtlich verbindet uns mit Frankreich viel, und zwar nicht erst durch die europäische Einigung, sondern schon seit Karl dem Großen und Napoleon dem Kleinen, der natürlich auch ein Großer war, als Feldherr und militärisches Genie. Wir Bayern haben die Franzosen immer bewundert für ihre Revolution und standen lange an Frankreichs Seite bis kurz vor der entscheidenden Schlacht bei Leipzig, wo wir im historisch richtigen Augenblick die Seiten gewechselt haben und am Ende unter den Siegern zu finden waren. Ich kann jetzt nur vermuten, dass dieses Verhalten nicht so ganz den Erwartungen der Franzosen entsprochen hat.

Kann auch sein, dass uns die Franzosen noch nicht ganz verziehen haben, dass wir sie 1814 allein gelassen haben. Zumal auch aus den Jahren 1870/71 und 1914/1918 und dann auch noch 1939/1945 Rechnungen offen sind, sodass möglicherweise der Franzose deshalb wenig Lust verspürt, mit uns auf das Oktoberfest zu gehen.

Da sagt der Bayer: »Ja mei, a jeder wiara ko. Wenn er auf d'Wiesn net kemma mog, der Franzos, dann muas er halt dahoambleibm.«

Aber die bayerisch-französische Freundschaft hat Spuren in den beiden Ländern hinterlassen, die bis heute an die ruhmreiche gemeinsame Vergangenheit erinnern. Die Franzosen haben zum Beispiel von uns alte bayerische Worte übernommen wie Trottoire, Plumot und Portemonnaie. Auch an dem bayerischen Merci fanden die Franzosen so großen Gefallen, dass sie sich bis heute auch mit *merci* bedanken.

Wir Bayern haben dafür die größte Erfindung der Franzosen eingeführt: die Guillotine. Sie hat auch in Bayern einige Delinquenten vom Leben zum Tode befördert. Freilich wird heute niemand mehr in Bayern geköpft. Zumindest nicht wirklich. Wenn man auch sagen muss, dass es einige Köpfe gäbe, die es wert wären, dass man sie rollen ließe.

Diesem latenten Bedürfnis wird auf der Wiesn entsprochen. Beim Schichtl wird dieses grausige Schauspiel täglich mit großem Erfolg angeboten. Selbstverständlich nicht wirklich, sondern als derbe Gaudi im Varieté. Die Leute haben es gerne, wenn sie zuschauen dürfen, wie einer einen Kopf kürzer gemacht wird. Es ist ja auch eine aufregende Sache. Geköpft wurde beim Schichtl bis 1990 mit einer Original-Guillotine von 1869. Danach hatte der TÜV Einwände.

Obwohl wir Bayern durchaus etwas übrig haben für das schnelle Köpfen, das exakte Abschneiden, das saubere Trennen des Kopfes vom Körper, habe ich große Zweifel, ob es in Bayern je zu einem Sturm auf die Bastille gekommen wäre, noch dazu im Sommer bei schönem Wetter. Ich glaube es nicht. Die Bayern hätten den

Biergarten gestürmt und sonst nichts und wären hockengeblieben bis zur Sperrstunde. Und wenn der Wirt sich eventuell geweigert hätte, aus irgendwelchen Gründen eine letzte Maß auszuschenken, »dann waar's am End zum Raufa worn«.

Sehr viele Besucher kommen aus Ländern des United Kingdom jedes Jahr auf unsere Wiesn. Die Briten sind »ganz narrisch« auf das bayerische Bier und die einmalige Stimmung, zu der sie lautstark beitragen. Was zunächst schon verwundert. Doch, weil der Engländer an sich als Stimmungskanone nicht weiter in Erscheinung tritt. Wir wollen den Angelsachsen nicht zu nahe treten, wir fragen uns nur, woran es liegen mag, dass ausgerechnet von ihnen jedes Jahr so viele auf unser bayerisches Nationalfest strömen?

Das einzig Englische in München ist der Englische Garten. Eine bayerisch-englische Geschichte gibt es praktisch nicht. Das liegt wahrscheinlich daran, dass die Engländer ein Seefahrervolk sind und Bayern mit dem Schiff schlecht erreichbar ist. Übers Meer ist Bayern praktisch nur über die Schwarzmeer-Donau-Route oder über die Nordsee anzufahren. Die Häfen Hamburg und Bremen bieten sich zwar an, aber von dort müsste man über Land weiter eindringen, und das ist per Schiff nicht ratsam. Es stellen sich im weiteren Verlauf doch einige Mittelgebirge in den Weg, die eine Eroberung Bayerns über Land per Schiff ziemlich aussichtslos erscheinen lässt. Es gäbe noch die Möglichkeit, über Amsterdam den Rhein aufwärts zu fahren, um dann in der Fahrrinne des Rhein-Main-Donau-Kanals sich bis nach Regensburg einzuschiffen, um von dort die Isarmündung zu erreichen. Spätestens hier müsste man umsteigen auf kleinere Boote, besser noch Flöße, um damit isaraufwärts nach

München zu gelangen. Das wird den Engländern zu beschwerlich und zu kompliziert gewesen sein. Deshalb haben sie auf eine Eroberung Bayerns immer verzichtet, weil Bayern nicht am Meer liegt. Also ein geografischer Vorteil, der unter dem militärischen Gesichtspunkt der Landesverteidigung nicht zu unterschätzen ist.

Vielleicht aber veranlasst dieses unerfüllte Eroberungsverlangen die Briten unterbewusst dazu, dass sie heute so zahlreich das Oktoberfest bevölkern, sozusagen eine nachträgliche Eroberung der für sie uneinnehmbaren Festung Bayern.

England und Bayern, da gibt es nichts Negatives, aber auch kaum etwas Positives zu erzählen. Was die beiden Völker an Gemeinsamkeiten teilen, ist nicht sehr viel. Siege und Niederlagen finden sich nur in den Chroniken der Fußballabteilungen der beiden Vereine 1860 München und FC Bayern München. 1958 kam es zu einem tragischen Flugzeugunglück auf dem Flughafen München-Riem, bei dem sieben Spieler von Manchester United ums Leben kamen. Mit an Bord war Bobby Charlton, der 1966 mit England Weltmeister wurde in einem Finale, in dem die deutsche Nationalmannschaft 4:3 verlor. Das war zwar keine rein bayerische Niederlage, aber mit Franz Beckenbauer agierte ein Spieler aus München zusammen mit Helmut Haller im zentralen Mittelfeld, sodass das Spiel der deutschen Elf bayerisch bestimmt war. Insofern traf uns die Ungerechtigkeit des dritten Tores, bei dem der Ball nicht in vollem Umfang die Torlinie überschritten hatte, besonders hart.

Aber sonst? Erwähnenswert ist die Leistung eines Mister Benjamin Thompson, der sich später als Graf von Rumford einen Namen gemacht hat. Warum er sich einen neuen Namen zulegen musste, als er nach Bayern kam, wissen wir nicht, zur Fahndung war er aber nicht ausgeschrieben. Er hat jedenfalls in München eine steile Karriere absolviert. Er wurde sogar Polizeiminister. Für einen Zuagroasten ist das schon beachtlich. Bei Hofe war er gern gesehen. Heißt es. Er war Mitglied der Londoner Royal Society und der Bayerischen Akademie der Wissenschaften. Er muss schon einige Spezl gehabt haben, und zwar nicht nur in Bayern, weil anders ist dieser berufliche Aufstieg nicht erklärbar. Seine wichtigste Initiative war der »Englischen Garten«, den er angeregt hat. Außerdem hat er den Kartoffelanbau in Bayern eingeführt und die Armen mit der nach ihm benannten Rumfordsuppe verköstigt, die übrigens auf der Wiesn keine Rolle spielt. Er scheint also auch eine soziale Ader gehabt zu haben. Aber dieser Graf von Rumford war kein Engländer, sondern Amerikaner. Er hat im amerikanischen Unabhängigkeitskrieg gekämpft. Allerdings auf Seiten der Engländer. Da kann man sich auch seinen Teil denken, wenn ein Amerikaner gegen seine eigenen Landsleute auf der Seite der Unterdrücker kämpft. Und der kommt nach München und macht hier Karriere. »Ja da legst di nieder!«

Einen echten Engländer, der in Bayern auf irgendeinem Gebiet Furore gemacht hätte, habe ich nicht ausfindig machen können. Halt! Die Beatles haben im Zirkus Krone in München 1966 ein legendäres Konzert gegeben, aber das war es dann auch.

Das Verhältnis zwischen Bayern und Engländern ist also weitgehend unbelastet geblieben. Die britische Luftwaffe hat zwar mit den Amerikanern zusammen einige bayerische Städte, Würzburg und Nürnberg vor allem und auch München am Ende des Zweiten Weltkriegs, in Schutt und Asche gelegt, aber aus dieser Zeit ist nichts

Belastendes geblieben, was sich negativ auf einen Oktoberfestbesuch auswirken würde.

Nein, die Bayern haben nichts gegen die Engländer, sie sind willkommen. Die Bayern mögen das englische Königshaus, vielleicht auch deshalb, weil Bayern kein Königreich mehr ist. Da holt man sich seine royalistische Ersatzbefriedigung halt in England bei den Royals. Aber die Bayern schätzen die Briten auch als kühne Seefahrer, als Kolonialisten, als Eroberer ferner Kontinente. Die Engländer werden in Bayern bewundert als die höflichsten, aber auch erfolgreichsten Unterdrücker von Völkern in der Welt. Sie halten gern am Alten fest, lassen des Neue aber zu. Das finden die Bayern sympathisch, weil es auch einer bayerischen Grundhaltung entspricht. Die Engländer sind bekannt für Ober- und Unterhaus, für niveauvollen Streit, für Königstreue, Gartenkultur, Roastbeef und BSE.

Und auf der Wiesn sind sie berühmt für ihre Trinkfreudigkeit. Sie litern ein, was der Maßkrug hergibt, sind aber schon nach einer Maß dermaßen dicht, dass sie nur noch lallen. Was aber nichts macht, weil der *native speaking* Bayer auf der Wiesn sowieso alle verbalen Äußerungen, egal in welch fremdem Idiom vorgetragen, als Aufforderung zum Trinken auffasst. Man versteht sich sozusagen panlingual auf komplett nonverbaler Ebene.

Verliererg'schichten

Bestimmt treffen Sie während Ihres Aufenthaltes in Bayern auf einen Experten, der Ihnen typisch bayerische Gschichten erzählt. Solche Erzählungen sind immer lustig, und sie haben einen großen Vorteil: Sie müssen nicht unbedingt der Wahrheit entsprechen. Gerade die allgemeine Atmosphäre auf dem Oktoberfest begünstigt solche Storys.

Auf der Wiesn kommt es immer wieder vor allem unter den Gebildeten der höheren Stände, also Leuten mit Abitur, die des Lateinischen und Griechischen kundig sind (ja, die gibt es immer noch), zu Gesprächen, in denen auch der eine oder andere Mythos ein Thema sein kann. Solange man nüchtern ist, dürfte das kein Problem sein. Aber auch wenn nicht, ist es immer eine Bereicherung für das Gespräch, auf ein paar bayerische Mythen verweisen zu können. Man hat etwas mitzuteilen, und der Gesprächspartner freut sich, weil es sich bei den Mythen um Erzählungen handelt, in denen sich das bayerische Volk immer wieder mit einem gewissen Stolz an seine tapferen Helden erinnert. An Franz Josef den Starken Strauß, Max den Schwachen Streibl und Edmund den Stammler Stoiber, um nur die bedeutendsten zu nennen.

Es gibt einige bayerische Mythen, die einen gewissen Wahrheitsgehalt aufweisen. Sie spielen auf der Wiesn kaum eine Rolle, aber ich will hier einen kleinen Überblick anbieten. Denn wenn das Gespräch stockt, kann man damit punkten.

Die »echten Bayern« reden hie und da noch vom Tassilo-Mythos. Dieser Mythos stammt aus den Anfängen der bayerischen Geschichte, reicht also weit zurück. Nichts Genaues weiß man nicht. Das ist normal. Und vielleicht auch besser so. Die Anfänge großer ruhmreicher Geschlechter liegen wie immer in solchen Fällen im Dunklen. Die Historiker haben nichts herausbekommen. Das Herrschergeschlecht der Agilolfinger war auf einmal da. Wahrscheinlich haben sie selbst dafür gesorgt, dass nichts über ihre Anfänge erhalten bleibt. Rechte Hund' werden sie schon gewesen sein.

Tassilo III. jedenfalls war der letzte Bayernherzog aus dem Geschlecht der Agilolfinger, der als Lehensmann Karl dem Großen die Heeresfolge zu leisten hatte. Und der Karl war einer, der immer wieder einen Feldzug unternahm. Sein Hunger auf neue Herrschaftsgebiete war unersättlich. Und immer wieder musste der Tassilo mit seinem bayerischen Heer mitziehen, bis er eines Tages keine Lust mehr hatte. Das kann man verstehen, und logisch ist es auch. Als Bayer wollte er lieber daheimbleiben. Er wollte halt mal seine Ruhe haben und nicht dauernd kämpfen. Das dauernde Kämpfen ist unbayerisch, weil irgendwann »a Ruah sei muaß«. Verliebt war er vermutlich auch noch und hatte Sehnsucht nach seiner Angebeteten. Frauen sind häufig der Grund für unüberlegtes Handeln. Auch in Bayern kommt so was vor.

Also, dieser Tassilo ist Karl dem Großen einfach von der Fahne gegangen, »stante pede«, wie man so sagt. Ohne sich zu verabschieden, ist er heim nach Bayern geritten. Ein schneller Entschluss. Ein Gefühlsumschwung ad hoc, der den Bayern wesenstypisch nachgesagt wird. Ein klarer Fall von Desertation. Kann man sich gut vorstellen, wie der Karl darauf reagiert hat. Er war stinksauer, weil er nun allein weiterkämpfen musste. Er sann auf Rache! Zunächst nahm er dem Tassilo das Herzogtum Bayern weg. Danach hat er ihn ins Kloster gesteckt und schließlich auch noch geblendet. Eine schöne Geschichte, die man sich gerne erzählt, wenn man davon Kunde hat.

Es wird in dieser Erzählung ein typisch bayerisches Grundgefühl wachgehalten. Ein braver Bayer, in dem Fall Tassilo, wird von einem mächtigeren, einem Franken (!) in extrem ungerechter Weise misshandelt. Zumindest aus bayerischer Sicht. Die Bayern identifizieren sich mit ihrem Tassilo bis heute und nähren daraus ein typisch bayerisches Unterlegenheitsgefühl. Das Gefühl der Niederlage hat in der bayerischen Seele einen festen Platz. Auch die nächste Geschichte hält dieses Gefühl in dramatischer Form wach:

Der Mythos von der Sendlinger Mordweihnacht 1705 wird bis in die Gegenwart gern aufgerufen. Mancher bayerische Patriot kann beim Gedenken an diese vernichtende bayerische Niederlage die Tränen nur schwer zurückhalten. Der sagenhafte Schmied von Kochel war nie an der Bavaria, um dort eine Maß zu trinken. Einmal stand damals die Bavaria noch nicht, und die Wiesn gab es auch noch nicht. Nicht weit davon allerdings, in Sendling, fand der legendäre Schmied von Kochel 1705 in der Blutweihnacht von Sendling als Letzter den Tod, sodass er zum ersten Oktoberfest 1810 schon lange nicht mehr unter den Lebenden weilte. Die Geschichte von der Sendlinger Mordweihnacht eignet sich wie kaum eine andere für eine Mythenbildung. Bayerische Bauern aus dem Oberland verbündeten sich, um München von der habsburgisch-österreichischen Fremdherrschaft zu befreien, und wurden entgegen der zugesagten Verschonung von den erbarmungslosen Husaren abgeschlachtet. Es war von Anfang an ein aussichtsloser Kampf, aber die Wut auf die Unterdrücker war wohl so groß, dass die Bayern zu vernünftigem Verhalten nicht mehr fähig waren und »ganz narrisch« ohne Rücksicht auf Verluste in den sicheren Tod marschiert sind.

Nicht alle historischen Persönlichkeiten, die in der langen, ruhmreichen Geschichte der Bayern von sich reden gemacht haben und im Bewusstsein vieler Bayern eine Rolle spielen, waren auf dem Oktoberfest. Aber es wird von ihnen geredet.

Der Wilderer Girgl Jennerwein könnte über die Wiesn gestreift sein. Da er aber meistens auf der Flucht war, vermuten wir, dass er eher unentdeckt blieb, falls er tatsächlich auf der Wiesn gewesen sein sollte und allenfalls eine Fluchtmaß hinuntergestürzt hat, bevor er später vom königlichen Jagdgehilfen Pföderl hinterrücks erschossen wurde.

Tote hat es auch bei einer Geschichte gegeben, die sich in München Anfang der Siebzigerjahre des 19. Jahrhunderts zugetragen hat und die zu den aufregendsten und spannendsten bayerischen Verlierergeschichten zu rechnen ist. Zur Abwechslung steht diesmal nicht ein Mann im Mittelpunkt der Handlung, sondern eine Frau. Adele Spitzeder hieß die Dame, die sich vornehm gab und in den höchsten Kreisen durch ausgezeichnete Benimmformen auffiel. Sie wirkte vertrauensvoll und seriös und nutzte dieses Talent, den Leuten das Geld aus der Tasche zu ziehen. Sie war ein echter Bazi, ein weiblicher zwar, aber was Gerissenheit und kriminelle Energie angeht, steht sie ihren männlichen Kollegen in nichts nach. Solche Figuren tauchen immer wieder auf der bayerischen Bühne auf und finden ihre Bewunderer und Anhänger. Die Spitzederin gründete die Spitzedersche Privatbank und versprach den Leuten zehn Prozent Zinsen. Anfangs lief das Geschäft hervorragend. Die Geldgierigen aller Klassen trugen ihr das Geld säckeweise in die Bank und freuten sich auf die versprochenen Renditen. Freilich basierte das Geschäftsmodell der Spitzeder auf einem klassischen Schneeballsystem. Als die Sache ruchbar wurde und die Leute das Bankhaus stürmten, um ihr Geld abzuholen, brach das System Spitzeder zusammen wie ein Kartenhaus. Manche der Geschädigten konnten nicht anders und verabschiedeten sich suizidal aus dieser Welt. Eine traurige Geschichte einerseits, andererseits auch lustig. Wie so oft liegt das Komische ganz nah am Tragischen.

Geldgeschichten bringen nicht nur in Bayern die komischsten Helden hervor. Mancher kommt gar nicht mehr raus aus dem Lachen, wenn er an die Finanzgenies der bayerischen Staatsregierung denkt, die von den Spezln im österreichischen Kärnten über den Tisch gezogen worden sind. Da gibt es glanzvolle Verlierergestalten, die im bayerischen Volk großes Ansehen genießen: Erwin Huber, Edmund Stoiber, Kurt Faltlhauser.

In all diesen Mythen wird deutlich, dass die Bayern in ihrer Geschichte häufig ein Gefühl der Niederlage erlebt haben, das in der bayerischen Seele seine Spuren hinterlassen hat und latent vorhanden ist. Man könnte von einer Grunddepression sprechen, von der das bayerische Wesen durchzogen ist. Ich möchte nicht behaupten, dass der Bayer zur Traurigkeit neigt, aber er hat natürlich Strategien entwickeln müssen, die das Gefühl, permanent unterlegen zu sein, kompensieren.

Über Jahrhunderte hat man die Bayern für rückständig, stur und fortschrittsfeindlich gehalten. Und militärisch galten sie als wenig effektiv. Vorsichtig ausgedrückt. Sprechen wir es aus, sie haben öfter verloren als gewonnen, waren aber immer dabei. Unter Napoleon in Russland, unter Hitler ebenfalls in Russland; unter Kaiser Wilhelm waren sie nicht in Russland, sondern in Verdun, aber da haben sie auch verloren. Richtig gewonnen haben die Bayern eigentlich nie. Auf dem Schlachtfeld waren sie nicht sehr erfolgreich. Bei der Völkerschlacht in Leipzig waren sie auf der Seite der Sieger, aber auch nur, weil die Preußen, die Österreicher und die Russen dabei waren. Da haben sie Glück gehabt. Angesichts all dieser geschichtlichen Erfahrungen ist eine gewisse Melancholie verständlich.

Es ist ja normal, dass man versucht, Schwermut zu vermeiden, indem man sich anstrengt, auf anderen Gebieten zu einer Meisterschaft zu gelangen, die ihresgleichen in der Welt sucht. Man versucht, eine offensichtliche Schwäche mit Höchstleistungen auf anderen Feldern auszugleichen. So haben die Bayern, die, wie gesagt, oft als Verlierer vom Platz gegangen sind, ein Terrain für sich erschlossen und erobert, auf dem sie unschlagbar geworden sind. Im Bereich der Gemütlichkeit haben sie eine Meisterschaft erlangt, bei der ihnen niemand das Wasser reichen kann! Die Bayern haben eine Gemütlichkeitskompetenz ausgebildet, die weltweit Anerkennung genießt.

Bayerische Dialektik

Mit ziemlicher Sicherheit können wir davon ausgehen, dass der Philosoph Georg W. F. Hegel die entscheidenden Anregungen für seine berühmte nach ihm benannte hegelsche Dialektik, die vielen heute noch sehr viel Freude bereitet, nach einem längeren Aufenthalt in Bayern gewonnen hat. Denn Bayern ist immer auch sein Gegenteil und bleibt gerade dadurch immer es selbst. Es ist demokratisch, aber auch undemokratisch bis hin zur Diktatur, anarchistisch, chaotisch und auch revolutionär, rückständig und fortschrittlich, rechts und links innerhalb einer Partei, die oben und unten, hinten und vorne nicht zusammenpasst und genau deshalb nicht auseinanderzubringen ist. Bayern ist alles und nichts. Bayern hebt den Widerspruch nicht auf, sondern stellt ihn aus.

Ein extremer Fall von Dialektik liegt vor. Es gibt in Bayern nicht synthesefähige Widersprüche, die gleichwertig nebeneinander existieren. Über allem liegt ein selbstbewusster Widerspruch einer speziell bayerischen Natur. In Bayern existiert immer ein Gegenselbst zum Selbst, auf das man sich verlassen kann. Ein Selbst mandelt sich immer auf gegen ein anderes, gegenüberliegendes Selbst, das dadurch auch zum Stehen kommt, weil es sich ebenfalls aufmandeln muss. Aufmandeln heißt aufstehen, sich groß machen, größer, als man ist. Es ist ein zutiefst bayerischer Impuls, der immer wieder zum Aufmandeln führt.

Die Dialektik hält inne, überlegt und wägt ab, ob eine Weiterentwicklung hin zu einer höheren Bewusstseinsstufe nötig ist. Diese dialektische Bewegung wäre treffend zu beschreiben als schwebender Spannungszustand bayerischer Gegenteile, die in der Latenz der Gegensätzlichkeiten gleichberechtigt sich nebeneinander halten. Eine Überwindung der überkommenen Zustände durch Negation der Negation im hegelschen Sinne wird in Bayern als unnötig erachtet, weil Bayern bereits den höchsten Bewusstseinszustand im Fortbestand des absolut Gegensätzlichen erreicht hat. Die Grundlage dafür bietet die Verankerung und Verwurzelung Bayerns im christlich-katholischen Glauben. Ohne den katholischen Glauben ist Bayern undenkbar. Josef Früchtl, der maßgebliche Philosoph in diesen Fragen, bringt es auf den Punkt, wenn er sagt: »Dass etwas es selbst ist und zugleich sein Gegenteil, diese *spekulative Grundfigur* einer sich selbst entzweienden und in der Entzweiung sich mit sich zusammenschließenden Einheit lässt unverkennbar die christliche Lehre durchscheinen, nach der die Welt und das Universum als *creatio ex nihilo*, also als Schaffung aus sich selbst, als Selbstentäußerung Gottes gelten, die sich durch die Inkarnation, die Menschwerdung des Gottessohnes, zur Selbstentfremdung steigert, durch den Heiligen Geist allerdings in der göttlichen Einheit gehalten bleibt.«

Vater, Sohn und Heiliger Geist, in der Dreifaltigkeit ist auf höchster Ebene, im Ideal, die bayerische Struktur vorgegeben. Die bestimmenden Elemente des gegensätzlichen Bayerns sind einheitlich zusammengedacht. Der Schöpfergott, der Bayern aus dem Nichts schöpft und sieht, dass es gut war. Der Sohn, der von ihm und aus ihm kommt und er bleibt. Und ein Heiliger Geist, der Vater und Sohn und sich selbst in ewige Einheit denkt. Der Vater denkt den Sohn, der Sohn den Vater, und der Heilige Geist denkt sich seinen Teil.

Mannsbilder

Die Wiesn zeichnet sich aus durch eine magnetische Anziehungskraft der Geschlechter. Es herrscht der erotische Ausnahmezustand. Die Männer gockeln. Mei, was sollen sie auch anderes machen? Das ist ihre Bestimmung.

Manche sind unwiderstehlich, und manche sind unausstehlich. Aber schön sind sie alle. Irgendwie. Schönheit liegt immer im Auge des Betrachters, sagt man. Aber für bayerische Männer gilt das nur eingeschränkt. Sie sind schlicht ausgedrückt einfach eine Augenweide. Vorausgesetzt, sie entsprechen dem bayerischen Schönheitsideal, das durch barocke Formen gekennzeichnet ist. Stämmige Wadeln, die aus den Haferlschuhen emporragen wie zwei kräftige, konisch auseinanderlaufende Türme, die einen Bierbauch balancieren müssen, der es wert ist, dass man ihn erwähnt, weil das Trachtenhemd über der Wölbung zu platzen droht. Spricht man den stolzen Träger auf seinen »Paulaner« an, wie man diese runde Pracht in Bayern mitunter bezeichnet, so gesteht der umfangreiche Eigentümer lachend: »Alles Samenstränge.«

Ganz oben auf diesem durch Bier und Schweinsbraten geformten Körper sitzt ein fußball-runder Kopf. Oft bärtig, entweder wild wuchernd oder gepflegt gezwirbelt, in jedem Fall sieht man aber dem Bart die künstlerische Gestaltung an. Das gewichste Gewächs rahmt oft ein rotgesichtiges Antlitz, in dem zwei scharfe Äuglein leuchten, durch die eine bayerische Weltsicht entsteht.

Die Idealgestalt zeigt keinen physischen Übergang vom Oberkörper zum Kopf. Man bezeichnet die Partie, die bei weniger entwickelten Menschen Genick genannt wird, als »Stiergnack«. Ein kräftiges Stiergnack ruft im näheren Umfeld des dem Ideal Nahekommenden regelmäßig große Bewunderung hervor. Diese idealbayerische Körperwelt kann man auf dem Oktoberfest in freier Wildbahn beim Sitzen auf einer Bierbank antreffen, wo sie sich gut beobachten lässt.

Bei genauerem Hinsehen wird man feststellen, dass diese Körperhaltung nicht wirklich als Sitzen beschrieben werden kann, sondern treffender als Hocken. Es handelt sich dabei aber nicht um eine Hocke im sportlichen Sinne, sondern um ein Sitzen am Biertisch mit aufgestützten Armen. Weil man aber in Bayern gern hocken bleibt, kann man nicht vom Sitzen sprechen. Sitzen gibt einen Hinweis auf ein zeitlich begrenztes Niederlassen, während Hocken von unbegrenzter Dauer sein kann. Im Hocken und durch das Hocken wird Unbeweglichkeit demonstriert. Neuhochdeutsch könnte man von einer Sitzblockade sprechen, die aber keine Zugänge versperren will, sondern aus reinen Gemütlichkeitserwägungen heraus stattfindet. Im Hocken verbraucht der Körper wesentlich weniger Energie als im gehenden oder gar laufenden Zustand. Ein ausgewachsener, laufender »Paulaner« ist ohnehin schwer vorstellbar. Auf dem Weg zum Pissoir, das er hin und wieder aufsuchen muss, stellen sich unweigerlich Assoziationen von unüberholbaren Schwertransporten auf Bundesautobahnen ein.

Offensichtlich verhält sich der hockende Bayer energiesparend, vermutlich um Kräfte zu speichern in Erwartung eines strengen Winters. Der idealbayerische Körper ist auf Vorratshaltung programmiert. Wir können daher annehmen, dass die Entwicklung des bayerischen Menschenschlages eng verknüpft ist mit der Sesshaftwerdung. Das Nomadentum ist dem Bayern fremd. Seine Bestimmung ist die Sesshaftigkeit.

In Bewegung ist diese selbstbewusste Körperlichkeit eine ruhig dahinwankende Masse, eine formvollendete Ästhetik, die Bewunderung erheischt.

Die wenigsten erreichen die Idealmaße. Die Fitnessbewegung hat auch in Bayern das traditionelle Schönheitsideal fast zum Aussterben gebracht. Auch junge Menschen in Bayern gehen immer häufiger regelmäßig in Fitnessstudios, um ihren Körper nach den postmodernen Idealen der Fitness zu formen. Auf der Wiesn allerdings finden wir noch letzte, vom Aussterben bedrohte Exemplare bayerischer Schönheit.

Falls Sie also einen Vertreter dieser Art erblicken, bleiben Sie stehen, erweisen Sie ihm Ihre Ehrerbietung, indem Sie seinen Anblick still genießen und ihn vorüberziehen lassen. Das Ideal ist selten geworden, aber immer noch von einmaliger Anmut. Wie sie breitbeinig steigen und langsam den Kopf heben, ihn drehen, um zu schauen, ob sie angeschaut werden oder sie eine, vielleicht sogar die eine, auf die sie schon so lange gewartet haben, erblicken.

Er hält Ausschau nach seinem ihm vom Schicksal zugewiesenen Pendant einer »feschen Frau«, die er bei längerem Zusammensein liebevoll »mei Weibi« oder auch, in besonders stabilen Liebesbeziehungen, »mei Oide« nennt. In seltenen Fällen nennen bayerische Männer ab einem gewissen fortgeschrittenen Alter ihre Frauen auch »Mamma«. Es fehlen uns hier der Raum und die Zeit, um dieses tiefenpsychologisch hochinteressante Phänomen entsprechend zu deuten. Nur so viel steht fest: Die so angesprochene Frau ist nicht die Mutter des Mannes.

Der ausgeprägte Hang zum Hockenbleiben gibt einen Hinweis auf eine anthropologische Entwicklungsstufe des *homo bavariensis*. Als gesichert kann gelten, dass beim *homo bavariensis* der Fluchtimpuls irgendwann zum Erliegen kam. Der bayerische Mensch neigt seitdem nicht mehr zur Flucht. Der gesamte Körperzustand ist aufs Bleiben ausgerichtet. In der Vor- und Frühgeschichte aber war der Mensch der Jäger- und Sammlergesellschaft ständig in Bewegung. Er musste immer auf der Hut sein, um die drohenden Gefahren für Leib und Leben seiner Sippe abwehren zu können. Das Gefühl einer permanenten Gefahr war lebensbestimmend. Der Mensch musste also physisch fit sein, um bei Gefahr durch wilde Tiere schnell flüchten zu können. Der Mensch war als Teil der Natur auch Beute und Nahrung für andere Lebewesen. Eine menschliche Grunderfahrung in dieser Zeit war daher die Verfolgung. Irgendwann wird er aber stehen geblieben sein, weil ihn die Kräfte verließen und er vor der Wahl stand, gefressen zu werden oder sich zu wehren. Er wird sich aus Verzweiflung für den Kampf entschieden haben. Der Mensch entwickelte sich vom Flüchter zum Stehenbleiber und Widerständler. Er wird sich umgedreht haben und sich den nächstliegenden Stock oder Stein als Waffe gegriffen haben, um auf Leben und Tod zu kämpfen. Damit entwickelte er eine Kompetenz des Entgegentretens. Über ein Selbstbewusstsein, das ihn vom weglaufenden Angstwesen in ein entgegentretendes Kampfwesen mutieren ließ, entstand der Wunsch nach Erholung und in der Folge davon, nach siegreichem Kampf, der Wunsch zu feiern. Nach der Kampfphase ergab sich die Ruhephase, in der er sich entspannte, um Kräfte zu sammeln für die nächste Kampfphase. Er wird also dafür Sorge getragen haben, eine Situation der Ruhe und Sicherheit zu etablieren. Denn nur, wer sich sicher fühlt, wird Lust haben, ein Fest zu feiern. Dazu wird der Mensch im Übergang vom defensiven Flüchter zum aktiven Kämpfer die nötige Wachheit und Aufmerksamkeit, um in der Wildnis überleben zu können, an Wächter delegiert haben, die sich auf diese Aufgaben spezialisierten. Die Gesellschaft der Jäger und Sammler wurde arbeitsteilig organisiert. Um den Kämpfern die wohlverdiente Ruhe gewähren zu können, sorgten Sicherheitsleute für eine zumindest zeitweise kampffreie Zone. Dazu wurden den damaligen Gegebenheiten entsprechende Möbel entwickelt, die sowohl dem Bedürfnis nach Entspannung entsprachen als auch dem nach schnellem Abbruch bei drohender Gefahr. Der *homo bavariensis* entwickelte die bis heute noch in Gebrauch befindlichen Biertische und Bänke, wie sie auch auf der Wiesn tausendfach aufgestellt werden. Geeignete Möbel, die einerseits eine relativ komfortable Sitzgelegenheit bei größtmöglicher Nähe erlauben, andererseits aber auch einen möglichst schnellen Abbau gewährleisten. Also ideal, um zu bleiben, aber ebenso, um zu flüchten. Wie man an den Körperformen der feiernden Menschen auf der Wiesn gut ablesen kann, wird die Möglichkeit einer Flucht infolge von Vertreibung nicht erwartet.

Da diesen Bierbänken die Rückenlehne fehlt, ist ein entspanntes Zurücklehnen unmöglich. Die Person würde sofort hintenüberkippen und sich – wenn es ganz dumm läuft – das Kreuz brechen. Da fand der bierselige Feiermensch seine stabile Haltung in der Statik des Hockens.

A fescher Has'

Die Frau auf der Wiesn, also die typische Wiesnfrau, entspricht genau dem bekannten bayerischen Schönheitsideal. Unnötig zu erwähnen, dass sie ein Dirndl trägt. Es gibt keine Debatte über ihr Aussehen. Sie ist perfekt. Weil sie natürlich schön ist, ihr Teint ist rosig, die Haare sind schwarz, können aber auch blond sein, was aber eher seltener ist, ihre Augen strahlen, sie hat Grazie, Anmut und Rasse, man schaut sie gern an, wegschauen wäre ein Affront, sie hat eine gesunde Ausstrahlung, und natürlich kann sie zupacken, weil sie eher praktisch eingestellt ist, sie wirkt nicht intellektuell, aber dumm ist sie schon dreimal nicht, nur käme sie nie auf die Idee, ihre Klugheit zu demonstrieren, nein, nein, so was macht sie nicht, das käme ihr nie in den Sinn, gescheit ist sie, das weiß sie, und wenn es sein muss, dann lässt sie es auch alle merken, aber bescheiden ist ihr Auftreten trotzdem und doch selbstbewusst. »Sauber« ist sie einfach, wie der Bayer sagt, wenn er sie anschaut und bewundert. A fesche Frau ist sie, das heißt, sie ist eine »gschickte und tüchtige«, die sich nicht anstellt, wie man das in Bayern ausdrückt, wenn man eine Frau fürs Leben vor sich hat. Sie ist koa Pupperl, sie ist eine, die man sofort ernst nimmt, weil man mit ihr lachen kann. Charme hat sie ohne Ende und Humor sowieso und schlagfertigen Witz auch, weil auf den Mund ist sie nicht gefallen, es wäre auch schad, wenn die wohlgeformten Lippen stumm blieben. Und wenn sie spricht, hört man ihr fasziniert zu, weil sie eine Stimme hat, die verführerisch klingt, dunkel und sanft kann sie schnurren, aber wenn ihr etwas nicht passt, wird sie a giftige Zwiderwurzn.

Ihre Proportionen befinden sich im idealen Verhältnis zueinander, die Harmonie der Formen springt jedem sofort ins Auge, es fehlt nichts, kein Mangel im Körperbau, sie ist auf keinen Fall zu schlank und schon gar nicht zu dick, alles ist im richtigen Maß vorhanden.

Aber auf der Wiesn trifft man sie eher nicht an. Und sonst lässt sie sich auch nicht viel sehen. Manchmal sieht man sie in der Werbung. Aber da wird sie dargestellt von einer Schauspielerin. Ja mei, gell, das ist normal, dass man eine idealtypische Vorstellung hat von einer bayerischen Frau, damit man im Ernstfall weiß, wie sie ausschauen soll, und vergleichen kann. Ohne dieses Ideal wären wir arm dran. Wir brauchen es, um die reale Weiblichkeit begutachten zu können. Die Frauen, die sich für die Wiesn herrichten, schminken, schmücken und stylen, orientieren sich auch daran. Und manche kommen dem Ideal ziemlich nahe.

Das Schönheitsideal hat sich seit dem 20. Jahrhundert ein wenig gewandelt. Man trifft auf der Wiesn immer mehr aufgespritzte, abgesaugte, aufgepolsterte und gestraffte Schönheiten.

Ich muss da immer an die Sendung *Pimp my Car* denken, in der ganz normale Autos aufgemotzt werden zu Luxuslimousinen. Offenbar läuft irgendwo auch *Pimp my Wife*, und die Ergebnisse werden dann auf der Wiesn vorgeführt.

Aber auch sie bekommen Komplimente auf der Wiesn: »Mit solchene Fahrradlschläuch als Lippen kannst dich in der Geisterbahn bewerben.« Oder »Schaug sie net o, High Heels bis zum Arsch nauf und a Stimm wie a Vespa im Leerlauf.« Der Bayer kann schon recht charmant daherreden.

Selbst im ästhetischen Spiel mit dem Hässlichen kann der Bayer eine Schönheit entdecken, die nur ihm auffällt. Mögen einige von einer »Zehern«, einer »schiachen Henn« oder einer »Schupfagrunzn« sprechen, so kann ein anderer in der gleichen Weibsperson eine Ausnahmeschönheit sehen. Kriterium ist immer das subjektive Erleben des Weiblichen. Wenn sich ein Wohlgefallen einstellt beim Betrachter, dann ist er praktisch erlegen. Anders kann man es nicht sagen. Falls sich auf den ersten Blick kein Wohlgefallen einstellen sollte, so kann man sich ein Wohlgefallen mit Bier ertrinken. Der geübte Wiesnbesucher nennt diese Technik »Schönsaufen«. Man trinkt also so viel Bier, bis sich das Wohlgefallen einstellt. Dieses Schönsaufen einer Frau wird immer wieder gerne praktiziert und führt zum gewünschten Wohlgefallen.

Es gibt viele bayerische Formen des Schönen, die alle gleichberechtigt nebeneinanderstehen. Grundsätzlich gilt auch in Bayern, was die alten Griechen schon gewusst haben, dass schön ist, wer lieb ist, und umgekehrt gilt: Wer lieb ist, der ist schön. Wer nicht lieb ist, ist nicht schön! Und wer nicht schön ist, der ist dann auch nicht lieb. In solchen alten Sätzen steckt viel Weisheit. Was bedeutet das für die weibliche Schönheit auf der Wiesn? Unser bayerisches Schönheitsempfinden unterscheidet sich in diesem Punkt überhaupt nicht vom ästhetischen Gefühl für das Schöne in anderen Kulturkreisen. Und zu den alten Griechen haben wir Bayern uns schon immer hingezogen gefühlt.

Griechenland wurde im 19. Jahrhundert von einem bayerischen König regiert. Nämlich von Otto, dem Sohn König Ludwigs I., der für die griechische Klassik schwärmte. Und weil wir grade dabei sind: Ludwig der Erste war ein Womanizer, wie man heute sagen würde, er hatte eine Schwäche für das weibliche Geschlecht; mit der Tänzerin Lola Montez unterhielt er eine außereheliche Beziehung. Er hat also was ghabt mit ihr, a Gspusi. War ein Skandal. Er musste abdanken. Solche Frauengeschichten hatten schon immer unangenehme Folgen. Wahrscheinlich konnte er nicht anders. Er war ein königlicher Stenz und hat nichts anbrennen lassen. Er liebte die Frauen und hat eine bayerische Schönheitsgalerie eingerichtet, wo er die Porträts der schönsten bayerischen Frauen, vom Hofmaler Joseph Karl Stieler in Öl gemalt, ausstellen ließ. Die Bilder hängen heute noch im Schloss Nymphenburg und geben einen Überblick über das Schönheitsideal der damaligen Zeit. Ich habe mir die Damen angeschaut und mir persönlich gefällt am besten die Helene Sedlmayr. Aber auch die Regina Danberger hat eine Anziehungskraft, und auch bei der Anna Hillmayer wird der König nicht wegschauen haben können. Man kann es verstehen.

Wir Bayern mögen das Unverfälschte, das Natürliche, das Runde, das Weiche, das erhaben Schöne, dem wir gerne erliegen. Und grade was die natürlichen Formen der bayerischen Frauen angeht, ist der Widerstand auf der Wiesn gering. Immer wieder erliegen erwachsene Männer völlig willenlos einer Schönheit. So wie unser Ludwig, der den schönen Münchnerinnen in seiner Schönheitengalerie ein Denkmal gesetzt hat.

Ein »Saupreiß« wie der einschlägig bekannte Philosoph Immanuel Kant, der fern von Bayern in Königsberg als Philosoph von sich reden machte, lehrte, dass das Wohlgefallen am Schönen ohne jegliches Interesse vorkomme. Diese Lehre konnte sich auf dem Oktoberfest nicht durchsetzen. Und die Ablehnung dieser Lehre lag nicht an der preußischen Herkunft des Philosophen, sondern hängt mit der fehlenden Distanz von Wollen und Handeln zusammen. Der Bayer will, was ihm wohlgefällt, in Besitz nehmen, und dann handelt er auch danach.

Woher kommt diese zielgerichtete, interessengesteuerte Handlungsweise? Das hängt vermutlich mit der bäuerlichen Tradition zusammen, die in Bayern immer noch in weiten Teilen des Landes wirksam ist und das Zusammenleben bestimmt. Grund und Boden, »d Sach'« (Hof und Felder), müssen »z'ammg'halten« werden. Diese Maxime bestimmt das Handeln maßgeblich auch in Liebes- und Heiratsangelegenheiten. Die Frau ist zwar keine Immobilie, wird aber als lebende »Mobilie« im Sinne eines frei beweglichen (An-)Wesens angesehen und auch entsprechend behandelt.

Anbandeln

»Er drückte hastig sich heran, da stieß er an ein Mädchen an, mit seinem Ellenbogen, die frische Dirne kehrt
sich um und sagt: ›Nun das find ich dumm! Juche, Juche,
Jucheisa, heisa, he, seid nicht so ungezogen…‹«, lässt
Johann Wolfgang von Goethe einen lustigen Gesellen
in seinem *Faust I* sagen.

Trefflich beschreibt Goethe hier eine Anbandelsitua-
tion, wie sie auf der Wiesn in jeder Minute tausendfach
vorkommt. Er wies damit als einer der Ersten auf kom-
munikative Strukturen in der oktoberfestlichen Ausgelassenheit hin. Wir werden seine Anregung zum Anlass nehmen, diese zwischenmenschlichen präkoitalen
Anbahnungen aufzuklären. Freilich konnte ein Besuch
Goethes auf dem Münchner Oktoberfest bisher leider
nicht nachgewiesen werden, dennoch dürfen wir annehmen, dass er eine Maß nicht verschmäht hätte, wenn er
auf der Wiesn – selbstverständlich in einer Prominen-
tenbox in Käfers Wiesnschänke – einen Platz bekommen

hätte. Und auch falls er tatsächlich nicht auf der Wiesn war, so können wir trotzdem mit Sicherheit behaupten, dass er dort war, weil auf der Wiesn immer alle waren, auch diejenigen, die keinen Platz bekommen haben.

Goethe war ja bekanntlich kein Kostverächter, was das weibliche Geschlecht angeht. Selbst im hohen Alter von 74 Jahren verliebte er sich noch in die 19-jährige Ulrike von Levetzow und hoffte ernsthaft auf eine Erwiderung seiner Gefühle. Aber die junge Maid lehnte sein erotisches Ansinnen ab, woraufhin er tief betrübt aus Marienbad abreiste. Während seiner Heimreise verfasste er in der Kutsche seine *Marienbader Elegie*. Gscheiter wäre es gewesen, er wäre damals auf die Wiesn gefahren. Wer weiß, vielleicht hätte ihn eine »frische bayerische Dirne« getröstet, und aus der Elegie wäre ein Hymnus an die Wiesn geworden:

Verlasst mich hier, getreue Weggenossen,
ich hab mich grad in die Bedienung dort ver-
schossen …
(frei nach Goethes Marienbader Elegie)

Lang wäre der Geheime Rat auf der Wiesn bestimmt nicht allein geblieben.

Um kein falsches Bild entstehen zu lassen, es herrscht zwar vor allem unter jungen, brünftigen und fortpflanzungsfähigen Männern die weitverbreitete Meinung, dass auf der Wiesn die Madln »leicht hergehen täten«. Das stimmt natürlich nicht! Besorgte Eltern brauchen keine Panik zu haben. Wenn dem wirklich so wäre, müsste man ja von einem ungeheuren sittlichen Ausnahmezustand sprechen. Da aber die führenden Vertreter der Kirchen beider Konfessionen dieses Treiben in ihren Hirtenworten bisher nicht aufgegriffen haben, können wir davon ausgehen, dass der sittliche Untergang des Abendlandes durch das Oktoberfest nicht zusätzlich beschleunigt wird.

Vielleicht leistet die Wiesn sogar einen beträchtlichen Beitrag zum Erhalt der Sozialsysteme im Land. Denn auch aus ungewollten Schwangerschaften werden irgendwann zahlungskräftige Beitragszahler. Das ist allerdings nur ein Nebeneffekt der Wiesn.

Die Bereitschaft, aufeinander aufmerksam zu werden, um sich kennenzulernen, ist wesentlicher Bestandteil des allgemeinen Auftriebs. Wiesnzeit ist Paarungszeit. Uralte Instinkte werden wach.

Meistens ist es eine Angelegenheit zwischen zwei Personen im Zustand verminderter Zurechnungsfähigkeit. Wobei die Einschränkungen des freien Willens nicht immer auf übermäßigen Alkoholeinfluss zurückzuführen sind.

Fest steht, dass die Stimmung auf dem Oktoberfest die erotische Anziehung beider Geschlechter begünstigt. Die Wiesn ist verführerisch, und das kommt daher, dass alle sakrisch gut ausschauen, weil sie alle Tracht tragen und dadurch unheimlich sexy wirken. Und mit einer oder zwei, manchmal braucht's auch drei oder vier Maß Bier, gewinnt das Gegenüber ungemein an Anziehungskraft. Es kommt zu einer Vernebelung der sinnlichen Wahrnehmung, die ein vernünftiges Verhalten verhindert. Sie sollten auch nicht vergessen, dass die natürlichen Aromen, die normalerweise die Gattenwahl steuern, die Pheromone, auf dem Oktoberfest durch intensiven Bierdunst und allerlei andere erotisierende Düfte extrem abgemildert, ja sogar verfälscht beim Gegenüber ankommen. Man wird auf der rein olfaktorischen Ebene dauernd mit falschen Botschaften bombardiert. Die Fehlerquote bei der Dekodierung der empfangenen Signale nimmt mit steigendem Bierkonsum exponentiell zu. Also Vorsicht bei der Partnerwahl!

Aber machen wir uns nichts vor, Erotik, oder zumindest die Aussicht darauf, ist für viele Gäste das ausschlaggebende Motiv für einen Wiesnbesuch.

Im Zuge der Emanzipation können heute sowohl Buben die Madln anbandeln als auch umgekehrt die Madln die Buben. Es nähert sich aber meistens der Bub oder der Bursch, wie man in Bayern den jungen Mann nennt, dem Dirndl, einem jungen, unverheirateten Mädchen, in der Absicht einer vorläufigen Aufnahme einer erotischen Beziehung. Aber mit plumper Anmache geht auch auf der Wiesn nichts; nur wenn Sie – als Mann – über ein gewisses Grundwissen der bayerischen Weiblichkeit verfügen, kann nichts schiefgehen, und nachdem wir eine Gebrauchsanweisung fürs Oktoberfest anbieten, hier ein paar erprobte Anbandelstrategien:

Sie tragen alte bayerische Vornamen: Jacqueline, Jennifer, Chantal oder Lindsay. Falls Sie also nicht anders können und eine ansprechen müssen, ohne ihren Namen zu kennen, probieren Sie halt ein paar durch, vielleicht erwischen Sie den richtigen. Mit Resi, Rosi oder Zenzi brauchen Sie es aber nicht zu versuchen, so heißen sie schon lange nicht mehr. Mit ein wenig Glück erwischen Sie eine Uschi. Es gab mal eine Zeit, da haben sich die Eltern in Bayern lange überlegt, wie sie ihre Töchter nennen sollen, und am Ende hießen sie alle Uschi. Uschis gibt es viele in Bayern. Die Uschi von Bayern, die Uschi Obermeier, die Uschi Dämmrich von Luttitz und natürlich die Uschi Glas. Und die Uschis gehen natürlich alle auch auf die Wiesn.

Die Chance, durch Zufall den richtigen Namen zu treffen, ist also groß. Notfalls sprechen Sie das Mädchen Ihrer Wahl auf der Wiesn einfach mit Paula an, das passt immer, denn in jeder Uschi steckt auch eine Paula. Rufen Sie einfach überrascht: »Hallo Paula, wos machst du denn da?« Irgendeine Reaktion werden Sie darauf schon bekommen. Vielleicht dreht sie sich entrüstet um und sagt: »Ich heiß nicht Paula!«, dann können Sie sagen: »Hey, du schaust aber guad aus!« Mit großer Überraschung ausgerufen, kommt dieser Satz auch immer gut bei den Frauen an. Das ist ein klassischer Anbandelsatz, den der Hans-Jürgen Buchner von Haindling sogar vertont hat.

Ein Satz, der ein wenig Mut verlangt, aber auch sehr wirkungsvoll rüberkommt, vorausgesetzt, er wird mit einem gewissen kindlichen Charme vorgetragen, lautet: »Dad'n Sie eventuell mit mir vögeln?« Kenner wissen, dass es sich dabei um ein Zitat handelt aus dem Film *Wer früher stirbt, ist länger tot* von Marcus Hausham Rosenmüller. Der sehr jugendliche Hauptdarsteller stellt diese unverblümte Frage seiner Grundschullehrerin, die völlig konsterniert ausruft: »Waass!« Und der Bub stellt daraufhin resigniert fest: »Oiso ned, oda?« (Übersetzungshilfe: Also nicht, oder?) Das sind bayerische Sprachspiele für geübte Anbandler, die ein feines Gespür für die Situation haben und wissen, was geht und was nicht geht.

Eine sehr alte, aber immer noch sehr wirkungsvolle Charmeoffensive, die Frauen jeden Alters dahinschmelzen lässt, wird eingeleitet durch Blumen. Hierzu gibt es auf der Wiesn viele Gelegenheiten. Buben und Mädchen in Lederhosen bieten überall in den Zelten langstielige Rosen zu überhöhten Preisen an. Wenn Sie schon ein wenig angetrunken sind, wird Sie der überhöhte Preis nicht stören, und Sie kaufen eine Rose und reichen sie sofort an Ihre Dame weiter.

Um Ihre junge Liebe im Bild zu dokumentieren, damit Sie am anderen Tag noch wissen, mit wem Sie sich die Nacht um die Ohren geschlagen haben, können Sie umherstreifende Fotografen herbeiwinken, die sofort bereit sind, ein Bild von Ihnen und Ihrer Wiesnliebe aufzunehmen, das Sie eine halbe Stunde später zu acht bis 15 Euro kaufen können. Sauber z'teier! Stimmt. Aber das muss es Ihnen wert sein. Billiger ist natürlich das Foto mit dem Handy, das können Sie dann am nächsten Tag gleich noch auf Facebook online stellen.

Falls all diese Avancen nicht fruchten, so können Sie zu einer weiteren uralten Methode des Anbandelns greifen. Schauen Sie dem Mädel einfach frech unter den Rock. Unter den Rock schauen ist ein bei jungen Mädchen immer noch sehr beliebter Annäherungsversuch! Diese Kontaktaufnahme ist sehr direkt, aber nicht immer von Erfolg gekrönt, weil es leider immer mehr Mädchen gibt, die nicht mehr wissen, was sich gehört.

Ein Schlag auf den Hintern gehört ebenfalls zu den Handlungen, die Mädchen auf der Wiesn zu schätzen wissen, allerdings nur, wenn sie mit den uralten Traditionen vertraut sind. Viele Frauen beherrschen noch den traditionellen bayerischen Liebescode und reagieren darauf mit einer kräftigen Watschn oder, wie man eine solche Erwiderung auch nennt, einer saftigen Schelln! Falls Sie also eine solche Bestätigung Ihres Anbandelungsversuchs erfahren, so können Sie diese nonverbale Antwort auf Ihr Liebeswerben als Strafaktion interpretieren oder aber als Kompliment und sich aufgefordert fühlen, in ähnlicher Weise mit dem Anbandeln fortzufahren. Irgendwann aber sollte der Widerstand beim Objekt

Ihrer Begierde schwächer werden und in Zärtlichkeiten übergehen. Falls dies nicht geschieht, könnte Ihr Vorgehen als sexuelle Belästigung verstanden werden. Es empfiehlt sind dann, eine höfliche Entschuldigung vorzutragen und auf Distanz zu gehen. Es rentiert sich also, beim Anbandeln vorsichtig zu agieren.

Etymologisch ist das Wort »anbandeln« eng verwandt mit dem »Bändel«, also einem Bändchen, mit dem etwas zusammengebunden werden kann, damit es hält. Jeder weiß aber, dass etwas Zusammengebundenes auch auseinanderstreben kann, wenn es nicht zusammengeht. Diese einander abstoßende Reaktion wird auf einer zweiten Bedeutungsebene mit dem Wort »anbandeln« sprachlich ausgedrückt. Im *Herkunftswörterbuch* des Duden werden zwei grundlegende Bedeutungen für das »Anbandeln« angegeben. Es kann heißen »mit jemandem einen Streit anfangen« oder »eine Liebesbeziehung beginnen«. Freilich kommt es in der Folge der Durchführung der Liebesbeziehung meistens auch zu Streit. Im Anbandeln ist also beides angelegt, was ganz logisch ist, weil das eine das andere bedingt.

Ganz ungefährlich ist das Anbandeln nicht. Im Erfolgsfall kann sich daraus eine Beziehung entwickeln, die in ein Gschpusi mündet. Mit »Gschpusi« bezeichnet man eine zeitlich begrenzte jahrelange Liebschaft. Man könnte es auch als ein kurzfristiges Verhältnis von dauerhafter Vorläufigkeit beschreiben, bei dem der abrupte Abbruch jederzeit möglich ist. Wobei das Gschpusi sehr anhänglich sein kann. Das Wort Gschpusi klingt urbayerisch, stammt aber ursprünglich aus dem Italienischen und wurde von »sposato« hergeleitet. Sposato heißt verheiratet und wurde bayerisch veredelt zu Gschpusi. Italienische Stukkateure, die seit dem Barock immer wieder ins Land gerufen wurden, weil ihre künstlerischen Hände in bayerischen Kirchen gebraucht wurden, brachten dieses Wort vermutlich unter die weibliche bayerische Bevölkerung. Die Italiener haben den Madln wohl Eheabsichten vorgegaukelt mit ihrem »Amore mio«-Geflüster. Ein Gschpusi kann, muss aber nicht zur Ehe führen. Es ist also Vorsicht geboten!

A Trum von einem Weib

Bei einer Frau auf der Wiesn aber können Sie immer landen, die freut sich, wenn Sie bei ihr vorbeischauen, sie hat überhaupt nichts dagegen, wenn man in sie eindringt. Eine leichte Frau ist sie aber nicht. Nein, verstehen Sie mich bitte nicht falsch, die Frau ist innen hohl, man kann ihr in den Kopf steigen und oben aus ihr rausschauen. Ich kann es nur empfehlen. Wer möchte nicht einmal aus einer Frau rausschauen und ihre Perspektive einnehmen, um zu sehen, wie sie schaut?

Sie haben es vielleicht schon gemerkt, um wen es sich handelt: Die Dame ist bekannt als die Bavaria. Sie können sie nicht verfehlen. Da müssten Sie schon viel intus haben, um sie übersehen zu können. Sie steht direkt vor der Ruhmeshalle an der Westseite der Theresienwiese und erwartet jeden Besucher in majestätischer Gelassenheit.

Ein Trum von einem Weib ragt vor Ihnen auf. Man könnte direkt Angst kriegen vor so einer großen und imposanten Frau. Die Angaben über ihre Größe schwanken. Die einen sagen 15 Meter, die anderen sprechen von 20 Metern – Sie können ja mal nachmessen. Den Idealmaßen entspricht sie nicht gerade. Aber das ist in diesem Fall wurscht. Sie überragt auf dem Oktoberfest alles an Größe und Höhe. Die Bavaria ist das höchste Monument weit und breit. Eines der größten Denkmäler aller Zeiten. Die Freiheitsstatue in New York ist nicht vergleichbar. Unsere Bavaria spielt in einer anderen Liga, weil die New Yorkerin nicht aus Erz gegossen ist, sondern durch eine grobe Bastelarbeit von aneinandergenieteten Kupferplatten entstanden ist. Künstlerisch ist anders. Die Bavaria ist ein hochwertiger Bronzeguss aus etwa 30 »geopferten lebensgroßen Imperatorenstatuen aus der Residenz« und eingeschmolzenen »türkischen Kanonen«, die nach der Seeschlacht bei Navarino aus dem Meer geborgen wurden. Übrigens im Auftrag Ottos des Ersten, des bayerischen Königs von Griechenland.

Im Inneren der Bavaria befindet sich eine Treppe. Man muss 52 Stufen hinaufsteigen, um in ihrem Kopf anzukommen und aus ihrer Stirn rausschauen zu können. Das ist natürlich ein Erlebnis. Man kann sie aber auch nur von außen betrachten, das ist auch ein Erlebnis.

Viele wundern sich, warum sie kein bayerisches Dirndl trägt. Das hätte ihr bestimmt auch gut gestanden. Gut gebaut ist sie in jedem Fall, und soweit man aus der Ferne beurteilen kann, käme die Oberweite in einem Dirndlausschnitt voll zum Tragen.

Es gab 1833 einen Ideenwettbewerb. Leo von Klenze, der Lieblingsarchitekt des Königs, konnte sich mit seinem

Entwurf durchsetzen. Was den König überzeugt hat, war die Kombination von rahmender Architektur und Kolossalstatue. Es gab dann noch Überlegungen, ob man die Dame vom Stil her eher römisch-antik, klassizistisch-romantisch formen sollte oder doch lieber germanisch. Der König hatte ein Faible fürs Klassisch-Griechische. Deshalb diente als Vorbild auch lange die Athena Promachos, die auf der Akropolis Bewunderung hervorrief. Vermutlich so wie alle Amazonen halt. Ich nehme an, dass sie weniger erotisch und mehr kriegerisch gewirkt hat. Ehrlich gesagt, ich habe keine Ahnung, wie diese Amazone ausgeschaut hat. Ich persönlich stehe gar nicht auf Amazonen. Ich weiß auch nicht, was den Griechen an diesen starken Frauen gefallen hat. Wir können wirklich froh sein, dass der König und sein Architekt sich auf den »teutschen«, germanisch-bayerischen Entwurf einigen konnten.

Einen aggressiven Eindruck macht sie nicht auf mich. Aber ganz überzeugend ist ihre Friedlichkeit auch wieder nicht. Obenrum trägt sie ein Bärenfell-Top und darunter ein langes Gewand, das aber den kräftigen linken Oberschenkel mit einem ausgeprägten *musculus quadriceps femoris* betont. Ein Schwert steckt in der Scheide. In der rechten Hand trägt sie ein Eichenlaubbüschel, mit der hoch erhobenen linken hält sie einen Eichenlaubkranz über ihr Haupt empor. Ihr volles Haar ist mit Eichenlaub umwunden. Neben ihr steht ein bayerischer Löwe. Alles in allem entsteht der Eindruck einer sehr starken Frau. Direkt frauenfeindlich ist das Standbild nicht. Auch unter dem heute sehr beliebten Gender-Mainstreaming-Aspekt betrachtet, kann man vermutlich nichts dagegen einwenden. Man könnte höchstens fragen, warum es kein Bavarius geworden ist.

Wenn man bedenkt, dass ursprünglich der Koloss von Rhodos als anregende Vorlage bei der Planung eine Rolle spielte, dann hätte es auch ein Mann, ein Bavarius werden können, und dann hätte es noch mal ganz anders ausgeschaut. Die Bavaria ist ein Symbol für Bayern und dient der nationalen Identität. Und solche nationalen Identitäten werden gern mit und über Frauengestalten hergestellt. Die Franzosen haben die Gallia, die Engländer Britannia, die Deutschen die Germania und wir Bayern die Bavaria. Im christlichen Abendland pflegen wir die schöne Tradition, Begriffe und Vorstellungen von Tugenden und Lastern, von Ideen, Städten, Ländern und Nationen in einer allegorischen Figur zu personifizieren. Es sind überwiegend weibliche Formen, die als Trägerinnen einer anderen Bedeutung fungieren. Ich vermute, weil Frauen immer geheimnisvoll wirken und dadurch vielschichtiger gedeutet werden können. Vor allem Männer bevorzugen Frauenfiguren als Bedeutungsträger, weil sie dem Bedürfnis nach polihermeneutischer Deutung entsprechen. Das liest sich geschwollen, gell? Ja, schon, aber es geht grad nicht anders. Die Repräsentation von Gemeinschaftsidealen durch weibliche Körperbilder dient damit der Absicht, sie als gottgegeben zu legitimieren. Die Bavaria steht also für Bayern und alles, was wir gern mit Bayern verbinden. Kraft und Stärke, Fruchtbarkeit, materieller und geistiger Reichtum, Gottesfrömmigkeit. »Gott mit Dir, Du Land der Bayern!«

Die Gesichtszüge der Bavaria formte der Bildhauer Ludwig Schwanthaler nach seinem Modell Cornelia, die vermutlich nicht nur seine Muse, sondern auch sein Gspusi war und die hier in Bayern lebte, aber aus Berlin stammte. Drum schaut sie nicht sehr bayerisch. Das

Gschau ist eher preußisch. Darauf kommt es aber nicht an. König Ludwig I., der sie in Auftrag gegeben hat, war jedenfalls angetan. Er war begeistert von der ersten Kolossalstatue der europäischen Kunstgeschichte seit Nero. »Nero und ich sind die Einzigen, die so Großes gemacht haben, seit Nero keiner mehr.« Hat er gesagt. Bloß gut, dass der König dem Nero nur im Kolossalstatuenbau nachgeeifert hat und nicht auch noch auf anderen Gebieten. Er hätte auch noch Verse dichten, sich auf der Leier dazu begleiten und die Stadt anzünden können.

Nein, wir wollen dem König nichts Böses unterstellen, im Gegenteil, er war sehr kunstbegeistert und hatte eine Vision. München sollte sein »Isar-Athen« werden. Deshalb ähneln alle seine Ruhmeshallen, die Walhalla, die Befreiungshalle und auch die an der Bavaria, der Akropolis in Athen. Beide, Ruhmeshalle und Bavaria, waren vom König als »neue patriotische Mitte« eines größeren Bayerns gedacht. Daran sollte der patriotische Bayer denken beim Anblick der Bavaria. Zur Wiesnzeit lagern täglich zu Füßen der Bavaria abgekämpfte, müde Krieger, die im Bierkampf zu Boden gegangen sind. Sie wirken wie Menschenopfer, die der Bavaria dargebracht werden. Steigen Sie vorsichtig über sie hinweg, sie schlafen ihren Rausch aus in Ludwigs »neuer patriotischer Mitte«. Die Bavaria stört es nicht.

The Bavarian Hall of Fame

»Der Ruhm wiederum, wie trügerisch, wie
schimpflich ist er oft? Deshalb ruft der Tragiker
nicht mit Unrecht aus:
›O Ruhm, o Ruhm, wie vielen schlechten Menschen hast du Stolz und leeren Dünkel mächtig
aufgebläht.‹«

(Boëthius, Trost der Philosophie)

In Bayern ist es gute Tradition, seinen berühmten Söh-
nen und Töchtern ein ehrendes Denkmal zu errichten.

Hinter der Bavaria, der weltlichen Patronin Bayerns,
steht eine Ruhmeshalle im griechischen Stil, eine bayerische *Hall of Fame*, in der sich insgesamt 98 Büsten
berühmter Bayern und Bayerinnen befinden, um ihnen
ein ehrendes Andenken zu bewahren. Aber die wenigsten, die auf die Wiesn gehen, verbinden dies mit einer
Besichtigung der Ruhmeshalle.

Wenn Sie also schon mal auf der Wiesn sind, dann geben Sie einem spontanen Impuls nach und steigen die Treppen zur Ruhmeshalle hinauf, um den Büsten der berühmten Bayern und Bayerinnen ihre Aufwartung zu machen. Wenn ich einen Rat geben darf: Machen Sie das vor der ersten Maß, dann haben Sie mehr davon. Ich muss Sie aber gleich darauf hinweisen, dass sich unter den ausgestellten Persönlichkeiten nur ganz wenige berühmte Biertrinker befinden.

Es gab nämlich schon Touristen, die den beschwerlichen Weg zu den Büsten auf sich genommen haben, weil ihnen irgendwelche »Experten« auf der Wiesn glaubhaft versicherten, dass dort oben die berühmtesten Wiesnbesucher und größten Biertrinker aller Zeiten ausgestellt wären. Fallen Sie bitte nicht auf solche Scherze rein! Nicht dass jetzt einer auf die Idee kommt und meint, er könne sich mit einem Riesenrausch in die Ruhmeshalle saufen. In der Ruhmeshalle befinden sich nur Persönlichkeiten, die Großes in Wissenschaft, Kunst und Kultur vollbracht haben. Bier werden sie vielleicht auch getrunken haben, es ist sogar mit ziemlicher Sicherheit anzunehmen, aber über die Trinkgewohnheiten der zu ehrenden Persönlichkeiten gibt es keine Aufzeichnungen.

Bei zwei Persönlichkeiten bin ich mir allerdings ziemlich sicher, dass sie zeit ihres Lebens Bier in größeren Mengen zu sich genommen haben. Der eine war Dichter und nannte sich Jean Paul. Der andere war Münchner Bierbrauer und hieß Joseph Pschorr. Von dem Dichter Jean Paul weiß man, dass er gern viel Bier getrunken hat. Er war kein Komasäufer, das nicht, aber er hat zugegeben, dass er es oft nicht erwarten konnte, bis der Bierwagen um die Ecke bog. Trotz allem hat er sehr schöne Abhandlungen über Humor, Ästhetik und Kunst geschrieben, die heute kaum noch einer beachtet. Schade.

Der andere war Großbrauer in München und baute in ein paar Jahren ein Bierimperium auf. Der Name Pschorr existiert heute noch als Brauereiname, und sein Namenszug steht neben Hacker auf dem gleichnamigen Bierzelt auf der Wiesn. Joseph Pschorr, dessen Büste in der Mittelwand der Ruhmeshalle zwischen dem Dichter Eduard von Schenk und dem Baumeister Friedrich von Gaertner eine erhöhte Gedenkstätte gefunden hat, gehörte neben Gabriel Sedlmayr zu den ellenbogengesteuerten Bierkapitalisten in München. Der damalige Bürgermeister Jakob Bauer hat ihn dick gehabt. Er sprach von der Gier der Brauer, weil, »wenn sie erst einmal Monopolisten seien«, »das Publikum nothwendig ihr Sklav würde«. So ist damals geredet worden. Das riecht direkt nach monopolkapitalistischer Konzentration des Brauereiwesens in München.

Vermutlich war der Jakob Bauer ein Sozi, wie übrigens die meisten Bürgermeister von München. Also, Sozialdemokraten oder gar Sozialisten habe ich keine entdecken können in der Ruhmeshalle. Der bayerische Ruhm ist nach wie vor vom Sozialismus unbefleckt. Was nun die Aufnahme des Großbrauers Pschorr in die Ruhmeshalle angeht, wird er vielleicht wegen seiner rigorosen Art geehrt worden sein. Das Hemdsärmelige kommt in Bayern schon immer sehr gut an.

Bei manchen Köpfen fragt man sich allerdings, was die Ruhmeshallen-Kommission seinerzeit dazu bewogen haben mag, sie aufzunehmen. Beim Grafen Franz Erwein von Schönborn zum Beispiel, er wird näher bezeichnet als Standesherr. Keine Ahnung, was den privilegiert hat, hier zu stehen. Na ja, er wird schon irgendwie und irgendwo seinen Mann gestanden haben als Standesherr. Vielleicht ist er auch nur sehr herrlich rumgestanden und hat dabei keinen größeren Schaden angerichtet. Das wäre ja auch schon was für Leute seines Standes.

Andere Persönlichkeiten dagegen haben so viel Ruhm angehäuft, dass sie in Bayern bis heute großes Ansehen genießen. Der Optiker Joseph von Fraunhofer steht nicht nur als Büste in der *Hall of Fame*, ihm zu Ehren wurde auch eine Wirtschaft in der Fraunhofer Straße benannt. Er war ein hervorragender Optiker und Niederbayer. Insofern können wir annehmen, dass er auch einige Maß vertragen hat, bevor es ihm die Optik verzogen hat. Er hat auf jeden Fall seinen Platz im bayerischen Ruhmestempel zu Recht. Selbstverständlich ist auch gegen die Weltweisen Friedrich Wilhelm von Schelling und Franz von Baader nichts einzuwenden.

Schade ist nur, dass berühmte Bayern der jüngeren Geschichte bisher nicht berücksichtigt wurden. So fehlen die Büsten vom Monaco Franze und vom Sommer Siggi. Zwei Künstler, die sich großer Beliebtheit erfreuen. Außerdem sucht man vergeblich nach Gustl Bayrhammer und dem Pumuckl. Persönlichkeiten, die einen festen Platz im Herzen aller Bayern haben. Ludwig Schmidt-Wildy und Erni Singerl gehörten ebenfalls in diese Reihe.

Aber auch unser Musterbeispiel für einen bayerischen Bazi, der Strauß Franzi, ist nicht dabei. Dabei hat er Großes für Bayern und ganz Deutschland vollbracht. Er war ohne Zweifel ein großer bayerischer Staatsmann und hätte einen Ehrenplatz längst verdient. Seine letzten Stunden hat er auf der Wiesn verbracht bei ein paar Maß Bier, bevor er im Forst seines Freundes, des Fürsten von Thurn und Taxis, auf der Jagd verstarb. (Schon wieder der Strauß! Wir mussten ihn schon mehrfach erwähnen, man kommt einfach nicht an ihm vorbei.) Er war Staatslenker, Humanist, Jäger und Biertrinker. So könnte es geschrieben stehen unter seiner Marmorbüste im bayerischen Pantheon auf der Theresienwiese. Wie schön wäre es, wenn man vor einem Wiesnbesuch beim Strauß vorbeigehen könnte, um ihm zu huldigen und um seinen Segen zu bitten.

Nicht in diese Reihe der edlen Verblichenen gehört der Edmund Stoiber. Er sollte vielmehr schon zu Lebzeiten als Büste hinter die Bavaria gestellt werden, denn er ist ja bereits ein lebendes Denkmal. Seine Verdienste kann jeder nachvollziehen. Sie liegen weniger auf dem Feld der Politik als vielmehr im Bereich der Sprache und Ausdruckskraft. Er hat als einer der ganz Großen in vielen Situationen souverän die bayerische Sache hochgehalten und dabei den Zusammenhang von Sprache und Denken immer wieder unter Beweis gestellt. Seine Rede zum Bau der Transrapidstrecke zwischen dem Hauptbahnhof in München und dem Flughafen in Erding wird der Nachwelt erhalten bleiben und noch vielen Generationen als Beispiel gelungener Rhetorik dienen. Unter der Büste sollte stehen: Edmund Stoiber, Redner.

Frauen scheinen nicht allzu viel zum Wohle Bayerns beigetragen zu haben, denn unter den 98 Büsten finden sich nur vier Frauen.

Emmy Noether, eine Mathematikerin, die Schriftstellerin Lena Christ, die Schauspielerin Klara Ziegler und die Prinzessin Therese von Bayern, die ganz bescheiden als Forscherin aufgeführt wird. Ich muss hier zugeben, dass ich nicht weiß, was sie erforscht hat, und genauso wenig kann ich Auskunft darüber geben, welche mathematischen Beweise Emmy Noether führte.

Lena Christ zumindest kenne ich vom Hörensagen. Gelesen habe ich keinen von ihren Romanen. Ich weiß nur, dass sie eine bayerische Schriftstellerin war, deren Geschichten im bäuerlichen Milieu spielen. Am bekanntesten ist die Erzählung von der *Rumplhanni*, die sehr erfolgreich fürs bayerische Fernsehen verfilmt wurde.

Die berühmte Schauspielerin Klara Ziegler hingegen ist mir überhaupt kein Begriff. Ich würde ja gern ihrer gedenken, aber wie, wenn ich keine Ahnung habe, wie sie gespielt hat und was sie darstellte? Aber immerhin gedenkt man ihrer. Das ist schön.

Ja, der Ruhm ist eine flüchtige Angelegenheit. Auch wenn einige in Stein gehauen werden oder in Bronze gegossen, der Ruhm bleibt noch eine Zeit lang lebendig, doch irgendwann ist er genauso tot wie die Person, die ihn verdient.

Weil es so wenig Frauen gibt, deren Ruhm ausreichte, um ihrer per Büste in einer der bayerischen Ruhmeshallen ehrend zu gedenken, hat im Jahre 2006 eine Kunststudentin heimlich ihre Büste in die Ruhmeshalle an der Bavaria gestellt. Aber nach einiger Zeit ist einem aufmerksamen Ruhmexperten aufgefallen, dass da was nicht stimmen kann, und die Büste wurde wieder entfernt. Aber auf jeden Fall hat es die Studentin durch diese Aktion kurzfristig zu Ruhm gebracht.

Wenn Sie jetzt mehr über die Gips(marmor)köpfe in der Ruhmeshalle wissen wollen, können Sie sich im Internet auf einen virtuellen Rundgang begeben und jede Büste einzeln begutachten. Intensiver ist das Erlebnis natürlich, wenn man vor Ort die Stimmung der Ruhmeshalle in sich aufnehmen kann. Grade während des Oktoberfestes ergibt sich eine beinahe himmlische Atmosphäre hinter den dorischen Säulen. Das Musikgemisch der Festwiese weht entfernt herüber, und leise Melancholie beschleicht einen. Was ist das? Eine Stimmung von Vergänglichkeit kommt auf – komisch, ganz komisch ist das. Besser, ich kauf mir eine Maß!

Linksrum oder rechtsrum

Die Gabriele Weishäupl, die Münchner Wiesnchefin, hat auf die Vertrauen stiftende Wirkung der Wiesn hingewiesen, als sie in einem ihrer zahlreichen Vorworte dargelegt hat, was den Besucher auf der Wiesn neben vielem anderen erwartet: »In einer Welt der Globalisierung gewinnt der engere Ort wieder mehr an Bedeutung, weil der Mensch das Vertrauen sucht und braucht. Auf der Wiesn findet er es.« Mei, unsere Wiesnchefin ist halt gewohnt scharf im Geiste. Aber sie hat ja recht. Die Wiesn ist ein Ort der Enge. Auf die Wiesngabi kann man sich verlassen. Sie findet immer die richtigen Worte. Die Wiesn ist bevölkert von Menschen, die Vertrauen suchen. So, so. Damit Sie sich auf Gabis Vertrauenswiese nicht verlaufen, müssen Sie sakrisch aufpassen. Es gibt einige Fahrgeschäfte, bei denen Sie besonders viel Vertrauen finden müssen, um einzusteigen. Man kann das Gleichgewicht verlieren, den Boden unter den Füßen, seine Mitte, den Kopf und auch das Leben.

Wer ein Ticket für ein Fahrgeschäft löst, rechnet mit ungewöhnlichen Erfahrungen, die Ängste wachrufen, immer in der sicheren Annahme, dass sie am Ende der Fahrt wieder verschwinden. Die Schausteller animieren mit einer kalten, oft gelangweilten Aufreißerstimme die immer gleichen Phrasen: »Jetzt wieder zusteigen, eine wunderbare Fahrt, eine schöne Fahrt, steigen Sie ein! Erleben Sie eine aufregende Fahrt, ein einmaliges Erlebnis, nur hier bei uns im ›Calypso‹!« Oder im »Parkour« oder sonst einem »frequenzgesteuerten *Family thrill ride*«.

»Hochstimmung für Jung und Alt! Und los geht es wieder! Eine wunderbare Fahrt«, dröhnt die routinierte Jahrmarktsstimme aus den Boxen, und die Musik powert und hämmert dazu im abgemischten Sound, der den ganzen Körper in Schwingung bringt. Duftwolken aus Zuckerwatte, Fischsemmeln, gebrannten Mandeln und vielen anderen Gerüchen ziehen vorbei und aktivieren im olfaktorischen Zentrum die passenden Gefühle dazu. »Eine wunderbare Fahrt!«

Und auf einmal ist das Vertrauen da, und du steigst ein, kaum sitzt du, beginnt es zu schwinden, das grade noch aufgebaute Vertrauen. Der junge Mann, der ein bisserl verwegen ausschaut mit seinen Tätowierungen auf dem Arm, schließt routiniert den Sicherheitsbügel vor deinem Bauch, und dann fragst du dich schon: »Warum bin ich denn hier eingestiegen?« – »Eine wunderbare Fahrt!«, verspricht die Stimme aus den Lautsprechern, und du denkst dir: »I woaß scho jetzt, dass es eine wunderbare Fahrt ist!« Und dann beginnt sie, die wunderbare Fahrt. Und zunächst kommt einem die ganze wunderbare Fahrt ganz wunderbar vor. Aber das ändert sich schnell. Weil es immer wunderbarer wird. Eigentlich dreht sich nur eine Scheibe, aber sie hebt sich und wird immer schräger, und sie dreht sich immer schneller, und die Gondel, in der du sitzt, dreht sich selbstverständlich auch, aber in die entgegengesetzte Drehrichtung der Scheibe. Ge, leck mi doch am Arsch! Auf einmal dreht sich die Gondel mit dir in die Richtung der großen Drehung, um sich dann wieder entgegengesetzt zu drehen, und immer so weiter und so fort.

Du drehst dich gleichzeitig im Uhrzeigersinn und gegen den Uhrzeigersinn, vorwärts und rückwärts zugleich. Das geht doch gar nicht! Normal ist das nicht! Im Leben gibt es nur links- oder rechtsrum, vorwärts oder rückwärts, da muss man sich entscheiden, wo es langgeht, beides gleichzeitig bedeutet Stillstand. Da kennt sich doch kein Hirn mehr aus.

Für ehemalige Eurofighter-Piloten mag das ja ideal sein. Die sind es gewohnt, unter Extrembedingungen zu überleben. Aber brauch ich das? Es ist ja nicht jeder mit derselben robusten Rossnatur ausgestattet. Es gibt Leute, die hebt es schon beim Zuschauen, wenn sie mitansehen, wie es andere hebt. Solche sensiblen Naturen sollten vor einem Ride im Fünferlooping prüfen, ob ihr Magen dieses aufregende Gefährt verträgt. Falls Ihnen nämlich während der Fahrt das Wiesnhendl samt Kartoffelsalat aus dem Gesicht fällt, weil es wissen möchte, was da draußen los ist, hält sich die Freude der mitfahrenden Gäste in Grenzen. Mit zwei Maß Bier ist die Hemmschwelle einzusteigen zwar niedriger, aber die Gefahr, leicht Verdautes wieder hergeben zu müssen, größer. Mit leerem Magen kann man die »wunderbare Fahrt« oft besser überstehen.

»Eine wunderbare Fahrt!«, behauptet die Stimme schon wieder. Ja, ist schon recht! Und du hoffst auf ein baldiges Ende, aber da schaltet der Herr der Drehung den Turbolader ein und behauptet schon wieder, dass es ganz einmalig schön wäre, was er da mit dir in seinem Karussell anrichtet. Man kriegt enorme Probleme mit den Körpersäften und konzentriert sich auf alle Öffnungen, damit alles dicht bleibt. Jessas, Maria und Josef, warum habe ich bloß geglaubt, was die Stimme versprochen hat?

Und da musst du an die Wiesngabi denken, dass die Wiesn Vertrauen schafft. Aber kurz bevor du deinen Geist dem Allmächtigen empfiehlst, lässt die Qual nach, der Herr mit der wunderbaren Stimme leitet den Bremsvorgang ein, und du bist ihm dankbar, dass er eine Gnade hat mit dir und deiner Fahrgemeinschaft, und dann ist es tatsächlich vorbei. Und die Wiesn schafft ein neues Vertrauen. Schwindlig und mit weichen Knien kletterst du aus dem Folterinstrument und verlässt wackelnd, aber glücklich das Fahrgeschäft. Immerhin, du hast es überlebt.

Und so was hat der TÜV geprüft und abgenommen! Du überlegst, dich beim Technischen Überwachungsverein zu beschweren, was du dann doch nicht machst, weil das Gefühl, eine Herausforderung erfolgreich bestanden zu haben, überwiegt, aber du schwörst dir, nie wieder gegen die Gesetze der Schwerkraft anzutreten.

Ob die Wiesngabi an diese Fahrgeschäfte gedacht hat, als sie von der »vertrauensbildenden Wiesn« gesprochen hat? Man muss schon Vertrauen haben können in die Technik und in die Berechnungen der Ingenieure und Konstrukteure. Die Waghalsigkeiten müssen absolut sicher sein. Diesbezüglich bietet das Oktoberfest viele Möglichkeiten. Sie können den »Powertower II« besteigen und sich in der Gemeinschaft mit anderen in eine Höhe von 68 Metern hieven lassen, um von dort oben in weniger als fünf Sekunden in einer Geschwindigkeit von 80 km/h nach unten durchzusacken. Das soll auch ein ganz ein wunderbares Gefühlserleben sein. Ja freilich, für den, der's mag, ist das der absolute »Thrill ride«. Alone and together!

Aber es gibt noch weitere wunderbare Fahrgeschäfte wie zum Beispiel die »Krinoline«. Es ist eigentlich keine Fahrt, was man in der »Krinoline« erleben kann. Es ist ein Tanz. Die Kreisbewegung soll die Schwingung eines Reifrocks der feinen Damenwelt um 1860 nachahmen. Krinoline nannte man den Reifrock, den die Damen unter den Tanzkleidern trugen. Die Vorstellung, bei einer feinen Dame im Reifrock zu sitzen und durch ihr Tanzen mit bewegt zu werden, war um 1860 vermutlich ganz schön verrucht. Wer sich heute in der »Krinoline« bewegen lässt, befeuert seine Phantasie wahrscheinlich mit ganz anderen Vorstellungen von Erotik. Aber auch wenn die »Krinoline« nicht mehr das Nonplusultra im Karussellwesen darstellt, technisch ist das Gefährt nach wie vor eine Meisterleistung.

Es spielt eine kleine Blaskapelle Melodien wie den *Liebesbotenmarsch*, den *Brautnachtwalzer*, die *Auf-und-Ab-Polka* und *La Paloma*. Ein gemütliches Amüsement. Die traditionelle Wiesn kann man hier erleben. Man lässt sich ein wenig, ganz sanft, aus der Ruhe bringen und in eine leichte Gleichgewichtsstörung versetzen.

Immer wenn ich an der »Krinoline« ankomme, muss ich an Karolines Satz aus Ödön von Horváths Oktoberfeststück *Kasimir und Karoline* denken: »Man hat halt oft so eine Sehnsucht in sich – aber dann kehrt man zurück mit gebrochenen Flügeln und das Leben geht weiter, als wäre man nie dabei gewesen.« Gebrochen hat sich in der »Krinoline« noch nie jemand etwas, aber Sehnsucht haben schon viele gehabt.

»Toboggan? Was ist jetzt das?«, werden Sie fragen. »Muss ich das auch noch mitmachen?« Sie müssen nicht, aber es gibt Leute, die finden den »Toboggan« so lustig, dass eine Fahrt mit ihm unbedingt zu einem Wiesnbesuch dazugehört. Es handelt sich um eine Turmrutschbahn. Da es den »Toboggan« seit über 75 Jahren auf dem Oktoberfest gibt, scheint er sich großer Beliebtheit zu erfreuen. Ich vermute, dass diese Gaudi auch nur angeheitert zu ertragen ist.

Am lustigsten sei das Geschehen auf dem Förderband, sagen überzeugte »Toboggan«-Liebhaber. Um nach oben in die Spitze des Turmes zu gelangen, muss man sich nämlich auf ein ständig laufendes Förderband stellen. Dabei kommt es zu allerlei Ungeschicklichkeiten, weil viele Schwierigkeiten mit der Bandgeschwindigkeit haben. Die Leute haut's immer wieder hin, sie fallen und purzeln, stehen wieder auf und versuchen sich zu halten, wo kein Halt mehr ist. Der Mensch hat halt den größten Spaß, wenn ein anderer nicht kann, wie er will. Ist man oben angelangt, legt man sich einen kleinen Teppich unter den Hintern und rutscht nach unten. Gehen Sie hin und schauen Sie, wie ungeschickt mancher versucht, nach oben zu kommen, und nicht kann, wie er will. Wahrscheinlich kommt dann auch bei Ihnen eine gewisse Schadenfreude auf, oder auch nicht, und Sie denken nur: »So ein Krampf!«

Ich bleib gern bei den Schiffsschaukeln stehen und beobachte die Leute in den Schaukeln. Ich kann nicht weitergehen, wenn einer oder eine versucht, oben den Punkt zu erreichen, wo sich entscheidet, ob es noch einmal rückwärts oder doch schon vorwärts nach unten geht. Denn bei diesem Vergnügen geht es auch nur so lange aufwärts, bis es wieder abwärts geht, damit es wieder aufwärts gehen kann. Manchmal gelingt es einem, oben einen Moment still zu verharren, die physikalischen Kräfte befinden sich für eine Sekunde im »Wedernoch«, und es scheint eine freie Entscheidung möglich, nach welcher Seite sich die Dinge entwickeln – bis sich die Schaukel mit Schwung in ihre vorgeschriebene Bahn senkt. Der Held in der Schaukel versucht, unermüdlich immer wieder oben den Überschlagpunkt zu erreichen. Immer wieder versucht er, die Kreisbewegung zu vollenden. Denn nur, wer den vollen Kreis schaukelt, hat es geschafft und verlässt unter den bewundernden Blicken der Zuschauer die Schiffsschaukel. Beachtenswert ist übrigens auch der gelangweilte Blick des Schiffsschaukelbremsers, wenn er den Bremsvorgang einleitet, um den Helden am Schaukeln zu hindern und ihn zum Stillstand zu bewegen. In seinen Augen spiegelt sich die Macht des Bremsers. Er hält nicht einfach nur die Schaukel auf und bringt sie zum Stehen; keiner weiß mehr über Stillstand und Bewegung, über Aufschwung und Abschwung als er.

Die Gabi Weishäupl hat schon recht, auf der Wiesn findet man überall Vertrauen. Es ist vor allem auch das Vertrauen in die Technik, die Mathematik und die Physik der Wiesn, deren stärkster Ausdruck die Kreisbewegung ist, denn alles, was auf der Wiesn angeboten wird, vom Ochsen am Spieß bis zu den Fahrgeschäften, dreht sich im Kreis. Und wenn man es recht bedenkt, ist das nur logisch. Der Kreis gibt ein Höchstmaß an Sicherheit. Wer sich auf ihm bewegt, kann sich unmöglich verirren. Man hat zu jedem Zeitpunkt die volle Orientierung, die allerdings auf der Wiesn durch Geschwindigkeit, durch

Auf und Ab, Hin und Her so weit gestört werden kann, dass es zu Schwindelgefühlen kommt. Aber auch der Schwindel ist nichts anderes als eine Kreisbewegung, weil sicher ist, dass er nach dem Ende der Fahrt wieder aufhört. Oder oba aa wieda net.

Hock di her do

Massen ziehen Massen an. Ich denke, wenn die Wiesn leer wäre, würde auch keiner hingehen.« Sagt der Wiesn-analyst und Winzerer-Fähndl-Wirt Peter Pongratz.

Es scheint mir ein Philosoph verloren gegangen zu sein am Pongratz Peter, wie kommt der auf solche Gedanken?

Vielleicht gibt es auch im Dasein eines Wirts Tage, die ihn angesichts der täglichen Abrechnungen zu geistigen Höchstleistungen anregen. In solch einem Moment wird er die Antwort auf die Frage gefunden haben, warum die Zelte jeden Tag überlaufen vor Leuten. Das pongratzsche Gesetz von der Anziehungskraft der Massen ist die reine Physik. Die Wiesn wirkt wie ein starkes Gravitationsfeld und zieht die Massen an, und die Massen auf der Wiesn ziehen wiederum die Massen an. Es soll leidenschaftliche Wiesnfans geben, die das Drängeln und Schieben der Massen vor und in den Zelten als ganz besonderes Wiesnerlebnis schätzen.

Wiesnzelte gibt es eine ganze Menge, und alle befinden sie sich in der Wirtsbudenstraße. Es gibt große, kleine, mittlere, eher länglichere, schmale, aber auch breitere Gastronomiebetriebe in den unterschiedlichsten Formen. Es gibt Café- und Weinzelte, die Hühnerbratereien Ammer, Heimer und Poschner, Entenbratereien, Knödeleien, und überall erwartet Sie eine »besondere unverwechselbare Atmosphäre«, behaupten die Betreiber. Und selbstredend werden Sie überall mit »kulinarischen Köstlichkeiten verwöhnt«.

Mächtig an Größe und Ausstrahlung überragen die Zelte der Münchner Brauereien alle übrigen Schankstätten der Wiesn. Jede dieser Bierhallen schaut anders aus und stellt sich in einem eigenen, unverwechselbaren Charakter dar. Vor dem Löwenbräuzelt hebt ein gigantischer bayerischer Löwe einen Maßkrug und brüllt im Minutentakt sein biergeil kehliges »Löwenbräu!«. Vor dem Winzerer Fähndl ragt der mächtige Paulanerturm auf, der allerdings stumm bleibt und nur durch seine stille Höhe versucht, die bierlustige Gemeinde zu beeindrucken. Die Bräurosl, das Pschorr-Festzelt, zieren zwei hohe Maibäume, das Hackerzelt ist schon von außen als »Himmel der Bayern« zu identifizieren, und das Augustiner-Festzelt macht Eindruck durch Verzicht auf symbolische Zeichensetzung. Im Grunde genommen muss kein Zelt besonders auf sich aufmerksam machen, weil die Leute ohnehin wissen, was sie erwartet; und eines haben die Zelte sowieso alle gemeinsam: Sie sind immer voll.

Es gibt Wiesnbüros, in denen man angeblich Plätze reservieren kann. Die örtlichen Tageszeitungen melden aber meist Monate vor Wiesnbeginn, dass alle Plätze bereits vergeben sind. »Ja wie gibt es denn das?«, fragt der wiesnwillige Zeitgenosse. »Da stimmt doch wos net!« Es stimmt zwar viel nicht, was man in der Zeitung lesen kann, aber was die Vergabe von reservierten Plätzen auf der Wiesn angeht, scheint es tatsächlich der Fall zu sein. Es soll aber auch immer noch Möglichkeiten geben, an Plätze zu kommen. Ein ganz seltsames Phänomen tritt hier zutage.

Für Einzelpersonen ist es kein Problem, einen reservierten Platz zu ergattern. »Oan bring ma oiwei no unter!«, bekam ich zur Auskunft, als ich einen Wiesnwirt fragte, wie man an einen Platz in einem Zelt komme. »So wuid ist das alles nicht.« Das stimmt, eine Einzelperson kann sich irgendwo dazuhocken. An den Tischen finden in der Regel zehn Personen Platz. Dennoch ist die Reservierungsproblematik auf der Wiesn komplex. Es wird üblicherweise in zwei Schichten gefeiert in den Zelten. Von zwölf Uhr mittags bis 17 Uhr nachmittags. Dann sollte man abgefüllt sein und die Plätze räumen für die nächste Gesellschaft, die ihren Rausch ab 18 Uhr aufbauen kann und bis zum Ende um 23 Uhr die Krüge leeren darf. Vormittags ab neun Uhr, wenn die Zelte öffnen, bekommt man werktags problemlos einen Sitzplatz. Ausnahmen bilden die Wochenenden und vor allem der erste Wiesntag, wenn angezapft wird. An diesen Tagen ist der Run auf die Plätze gigantisch. Beim Anzapfen im Schottenhamelzelt möchte jeder dabei sein. Manche gehen schon um sieben Uhr in der Früh auf die Wiesn naus, um unter den Ersten zu sein, die sich an den Eingängen anstellen. Es herrscht dort ein gewaltiges Gedränge, und manche sagen, dass dieses nüchterne Warten auf die erste Maß zu ihren schönsten Wiesnerlebnissen gehört. Man muss dafür die richtige Einstellung mitbringen. Die Nähe wildfremder Menschen, die, zum Teil ungeduscht, neben einem stehend mit knurrendem Magen Einlass begehren, um sich anschließend fröhlich betrinken zu können, stellt eine besondere Herausforderung dar. Aber viele können nicht anders und sehen in dieser Prozedur jedes Jahr wieder aufs Neue die einzige Möglichkeit, einen Sitzplatz zu erobern.

Daneben gibt es für systemrelevante Gäste aus Politik, Wirtschaft und Kultur natürlich reservierte Plätze. Volksvertreter aller im Landtag vertretenen Parteien, Vertreter aus der Wirtschaft, Vorstände, Aufsichtsräte und andere Geistesgrößen, die man als prominent identifiziert, haben selbstverständlich freien Zugang zu ihren Boxen. Persönlichkeiten, die einen Status vorweisen können, werden von »offizieller Seite« – was meistens eine höchst diffuse Seite ist – als wichtig eingestuft. Dazu zählen vor allem Minister, Staatssekretäre, Parteivorsitzende, Fraktionsführer, Oppositionsführer, also in der Regel Leute, die als lästig empfunden werden. Der Volksmund nennt sie »Großkopferte«, »Gschwoischädl« und manchmal auch etwas abwertend »Gfrasst«. Dazu gesellen sich auch prominente Persönlichkeiten aus den Medien: Chefredakteure, Journalisten, Intendanten und eine Reihe weiterer sympathischer Auffälligkeiten, die eine gewisse Macht innehaben und gerne ausüben. Diese Leute haben immer Plätze auf der Wiesn und werden, das ist sowieso klar, umsonst bewirtet. Sie sind eingeladen. Was man verstehen kann, weil sie ja so viel für das Allgemeinwohl tun und dafür sorgen, dass die Wiesn ihren Ruf behält als herausragende Begegnungsstätte für bedeutende Verantwortungs- und Entscheidungsträger. Sie werden auf der Wiesn in sogenannten Boxen gehalten, und der gemeine Wiesnbesucher kann sie aus sicherer Entfernung beobachten, wie sie trinken und feiern. Die bayerischen Medien dokumentieren jeden Tag live ausführlich in ihrer Wiesnberichterstattung, wer mit wem in welcher Box ausfällig wird. Dabei spielt eine gewichtige Rolle, wer wen im Arm hält und wie viel Maß dabei getrunken werden.

Ein voll besetztes Bierzelt ist zweifellos eine Herausforderung, eine Extremsituation, die den ganzen Menschen erfasst. Für viele gehört der Aufenthalt in einem Bierzelt zu den Höhepunkten eines Oktoberfestbesuchs. Manche reagieren allerdings spontan mit Fluchtimpulsen. Sollten Sie daher im ersten Moment den Drang zur Flucht verspüren, bleiben Sie standhaft, zwingen Sie sich, stehen zu bleiben. Wenn Sie können, halten Sie einen Moment inne, und lassen Sie den Blick schweifen. Es bietet sich Ihnen ein gewaltiges Tohuwabohu. Sie sehen Menschen außer sich, tanzend auf Tischen und Bänken, verzückte Körper, teilweise entblößt, eventuell sogar schwingende Brüste und Bäuche, geöffnete Lederhosen, geweitete Mieder, bierernste Wesen streifen suchend umher, bierselige Gestalten befinden sich in einer wilden Ekstase, ein dionysisches Fest der Superlative ist in vollem Gange. Kräftige Kellnerinnen und Kellner schleppen je acht bis zehn Maßkrüge auf einmal mit goldgelbem Bier durch die drängenden Massen, um sie endlich an den Tischen abzusetzen. Es rinnt und schwappt das Märzenbier, vom Alkohol gerötete Nasen, Backen und Kinne sind nur noch als Bierlarven zu erkennen, es wird getrunken, geschluckt und gesoffen, gesungen und geschrien. Man wird hin und her geworfen als willenloser Teil des Ganzen, des Auf und Nieder, des Hin und Her, des Drunter und Drüber, immer wieder, man lässt sich willig mitreißen, man kennt sich nicht mehr und will sich nicht mehr kennen. Man lernt sich kennen als einen ganz anderen. Man taucht ein in ein großes bayerisches Wir und will für immer drinnen bleiben. Wen einmal die Wogen der Gemütlichkeit erfasst haben, der kommt ihnen nicht mehr aus. Darum drängt alles ins Zelt.

Mit einem Zelt im ursprünglichen Sinn hat ein Festzelt auf dem Oktoberfest nichts mehr zu tun. Das Zelt ist von seiner Grundidee her gesehen ein Provisorium, eine Behausung auf Zeit. Beduinen und Nomaden, die nur vorübergehend ein Lager errichten, bevorzugen Zelte, um darin vor Hitze oder Kälte Schutz zu finden. Seit alters her benutzen umherziehende Völker und Stämme diese hausähnlichen Konstruktionen aus Stangen, Stoffen und Fellen, weil sie relativ schnell aufzustellen und bei Bedarf ebenso schnell wieder abzubauen sind.

Die Zelte auf der Wiesn sind mit diesen primitiven Modellen nur entfernt vergleichbar. Es handelt sich vielmehr um speziell für das Oktoberfest erstellte Bauten, in denen bis zu 10 000 Menschen Platz finden, um ausgelassen feiern zu können. Umherziehende Beduinen und marodierende Nomaden gibt es zwar auch auf der Wiesn, die man in diesem Zusammenhang auch als große Gemütlichkeitsoase betrachten könnte, aber sie schlagen dort selten Zelte auf, und wenn doch, so helfen ihnen die Beamten des Münchner Kreisverwaltungsreferates beim zügigen Abbau.

Die innenarchitektonische Gestaltung der Bierhallen ist selbstverständlich im typisch bayerischen Stil gehalten. Zeichen und Symbole bayerischer Lebensart, lebensnahe Abbildungen der ländlichen Bevölkerung, Landwirte und Handwerker werden zum Teil klischeehaft dargestellt und schmücken die Wände. In dem einen Zelt röhren Hirsche einsam auf der Lichtung, in einem anderen werden die Lebensstationen des Wilderers Jennerwein dargestellt.

Ich kann mir vorstellen, dass es kritische Leute gibt, denen auffällt, dass die auf Übertreibung angelegte Art der Innenausstattung der Zelte ein Bayernbild suggeriert, das mit der Realität nichts mehr zu tun hat. Das mag schon richtig sein. Wer sich darüber echauffieren mag, bitte, es wird niemand daran gehindert. Meistens wird der kritische Impuls nach der ersten Maß schwächer und hört nach der zweiten komplett auf. Bis dahin muss man durchhalten.

Grundsätzlich muss man den Kritikern recht geben. Bayern und seine Bewohner auf die oft zitierten Klischees zu reduzieren, ist freilich allzu einfach. Aber es ist eine Gaudi, und die Bayern selber haben eine Freude daran. Der Bayer macht sich auch selber gerne mal zum Deppen. Das hängt mit seiner Lust zur Selbstdarstellung zusammen. Die Lust am Schauspiel steckt in jedem Bayern. Es gehört zum großen bayerischen Spiel dazu, sich selbst nicht immer ganz ernst zu nehmen. Dazu braucht es ein starkes und mächtiges Klischee, mit dem es sich lohnt zu spielen. Darum inszenieren sich die Bayern gern in einer Bauerntheaterkulisse, die so überzogen ist, dass sie eindeutig als Karikatur erkennbar bleibt. In der Übertreibung bayerischer Lebensart nimmt sich der Bayer nicht ernst, freut sich aber diebisch, wenn der Fremde das Bild, das man ihm bietet, für bare Münze nimmt. Das Oktoberfest kann insgesamt als Karikatur bayerischen Lebens aufgefasst werden. Die Wiesn ist der karikaturenhafte Ausdruck bayerischer Lebenslust, eine komprimierte Form Bayerns. In dieser Verdichtung erscheint Bayern als die Parodie seiner selbst. Auf der sichtbaren Seite ist alles Ironie auf der Wiesn.

Hinter den Kulissen allerdings herrscht weniger Ironie, sondern logistischer Ernst und ökonomischer Sachverstand. Bei aller Gaudi muss selbstverständlich »a bissl was hängen bleiben«.

Dafür wird auch einiges geboten. Beispielsweise werden in der Ochsenbraterei, einem sehr alten Traditionszelt, ganze Ochsen am Spieß gebraten, weil auf der Wiesn alles groß sein muss. Die Wiesn selber ist ja eine Übergröße. Die Ochsen sind alle namentlich bekannt und tragen traditionelle bayerische Namen. Sie heißen beispielsweise Korbinian, Martin, Max, Ludwig, Franz, Josef, Günther und in letzter Zeit auch Horst. Und ich habe den Eindruck, dass die Metzger bei der Namensgebung der stolzen Tiere auf die Vornamen der Minister des bayerischen Kabinetts zurückgreifen. Der Bayer steht zu seiner Regierung in jeder Beziehung und ehrt sie, wann immer er kann.

Bei der Fischer-Vroni im Zelt drehen sich keine Ochsen, zumindest keine am Spieß. In diesem Zelt werden vor allem Fische am Steckerl angeboten, sogenannte »Steckerlfisch«. Renken, Forellen, Hechte, vielleicht auch Huchen, Waller, Braxn und Nasen, sie sind alle namenlos, munden aber auch ganz ausgezeichnet. In der Fischer-Vroni soll am zweiten Wiesnmontag ein sehr interessanter Travestieabend über die Bühne gehen, an dem das Spiel mit den Geschlechterrollen zum zentralen Element der Gemütlichkeit erhoben wird. Vieles von dem, was einem zugeraunt wird, bedarf einer persönlichen Prüfung.

Das bekannteste Zelt ist vielleicht die Festhalle der Familie Schottenhamel, weil dort traditionell das Anzapfen durch den Münchner Oberbürgermeister stattfindet.

Sehr bekannt sind auch die Schützenfesthalle, das Armbrustschützenzelt und die Bräurosl, die als Schwulenzelt gilt, weil dort die gleichgeschlechtlich Disponierten feiern. Mei, was heißt das schon? Ich weiß nicht, ob die individuelle geschlechtliche Disposition auf der Wiesn eine Rolle spielen sollte, mei, gell, wie die Natur halt so spielt! Aber schaden kann es nicht, wenn man weiß, wo man hingehen muss, um Gleichgesinnte zu treffen. Am Gaysunday jedenfalls geht's heiß her in der Bräurosl. Das Bier in den Krügen wird aber genauso kühl ausgeschenkt wie in allen anderen Zelten auch.

Im Hippodrom schließlich findet jedes Jahr in der ersten Wiesnwoche am Donnerstagvormittag um 11 Uhr ein ökumenischer Gottesdienst für Schausteller statt, bei dem das Sakrament der Taufe und der Firmung gespendet wird. Bei dieser Veranstaltung soll es übrigens leicht sein, einen Platz zu bekommen. Wenn Sie sich taufen lassen wollen oder firmen, wäre das kein Problem. In diesem Fall gilt das Gesetz von der Massenanziehung nicht. Der Name Hippodrom verweist auf Pferde oder, wie wir in Bayern diese edlen Vierbeiner nennen: Rösser. Diese spielen im Hippodrom keine tragende Rolle mehr. Es gibt im Hippodrom kein einziges Ross. Auch keine Stute. Überhaupt kein Pferd. Trotzdem kann es vorkommen, dass dort der eine oder andere wilde Hengst zahm wird.

Das Hippodrom gehört zu den kleineren Zelten. Es fasst »nur« etwa 3200 Personen. Aber auch dort ist es nicht einfach, einen Sitzplatz zu bekommen. 3200 Leute sind gleich beieinander. Der Wirt Sepp Krätz hätte wahrscheinlich nichts dagegen, wenn er ein paar Tausend Leute mehr bewirten dürfte. Aber leider hat ihm der Herr eine begrenzte Kapazität gegeben.

Es gab mal einen ganz cleveren Wirt, der wollte die Sitzplatzkapazität seines Zeltes vergrößern. Der Michi Käfer hat's probiert mit einem Notzelt im Garten seiner Schänke, weil seine Reservierungssoftware – die Software war's! Wer sonst? – einen Fehler reingebracht hatte, und nun musste der arme Michi Käfer 900 Gäste zusätzlich unterbringen. Ein Notstandsgebiet war entstanden. Das Kreisverwaltungsreferat hatte ein Erbarmen und erlaubte die Aufstellung eines Notzeltes. Die Mehreinahmen spendete der Käfer Michi einem wohltätigen Zweck. Es ist alles noch einmal gut ausgegangen. Aber es dürfe keine *Lex Käfer* geben, hat er selber in einem Gespräch mit der *Süddeutschen Zeitung* eingeräumt. In Käfers Wiesnschänke treffen sich die Erfolgreichen und Schönen. Dort einen Platz zu ergattern ist praktisch unmöglich. Außer man kennt einen Schönen und Erfolgreichen oder einen, der einen kennt. Dennoch kann man nicht von einer Zweiklassengesellschaft auf der Wiesn sprechen.

Aber wo gibt es das schon, dass alle einen Platz kriegen, außer im Jenseits? Ein Jenseitszelt, das tät uns grade noch fehlen. Das wäre eine Attraktion. Headline in der Presse: Die Erzdiözese München betreibt auf der Wiesn ein Jenseitszelt! Die Bewirtung übernimmt das Hofbräuhaus, weil die haben hervorragende Kontakte nach oben. Aber ich glaube, dass wir diesbezüglich keine Befürchtungen hegen müssen. Drüben gibt es genug Plätze. Dort ist bisher immer noch ein jeder untergekommen, und beschwert hat sich auch noch keiner. Außer dem Dienstmann Hingerl, der zwar keinen Grund hat, sich wegen seines Sitzplatzes zu beschweren, er hockt nämlich sehr bequem auf einer weichen Wolke im Paradies, dennoch schimpft er wie ein Rohrspatz, weil die Seligkeit nicht seinen Erwartungen entspricht. Seine Unzufriedenheit rührt daher, dass er dauernd frohlocken soll. Das Halleluja-Singen geht ihm dermaßen gegen den Strich, dass er sich ziemlich aufregen muss. Vor allem verlangt er nach einer Maß Bier, weil ihm das »himmlische Manna« nicht schmeckt. »Euer Manna könnt's selber saufen!«, hallt es in den Weiten der Ewigkeit.

Manna gibt es auf der Wiesn nicht, insofern muss niemand befürchten, mit himmlischer Labsal abgespeist zu werden. Auf der Wiesn kann jeder nach Belieben Bier zu sich nehmen und wird auch nicht zu übermäßigen Halleluja-Gesängen gezwungen. Gesungen wird allerdings schon, aber dazu braucht's nicht einmal einen Platz. Angenehmer ist es aber schon, wenn man nach den anstrengenden Gesängen im Stehen einen Sitzplatz unter sich weiß, auf dem man sich ein wenig ausruhen kann bis zum nächsten Prosit der Gemütlichkeit. Und das kommt schneller, als man denkt. Aber daran muss man nicht denken. Wesentlich wichtiger ist, sich rechtzeitig Gedanken darüber zu machen, wie man an einen Sitzplatz kommt.

Vielleicht fragen Sie sich auf Ihrer Suche nach einem Platz im Zelt irgendwann verzweifelt, warum die Massen die Massen anziehen und Sie ausgerechnet heute Teil der Masse sein müssen, die keinen Sitzplatz findet. Geben Sie nicht auf, suchen Sie weiter! Früher oder später führt Sie Ihr Weg auf der Wiesn zwangsläufig in die Verständnislosigkeit, und Sie kommen in einem der Bierzelte an. Die Kapelle spielt einen Wiesnhit nach dem anderen. »Das ist Wahnsinn, warum schickst du mich in die Hölle? – Hölle! Hölle! Hölle!« Da wollten Sie doch die ganze Zeit hin. Und nun sind Sie mittendrin.

Unter aller Sau

Es gibt in Bayern seltene Tierarten: Saubären, Sauhammel, Sauhund, die alle aus gelungenen Züchtungen hervorgegangen sind und sich großer Beliebtheit erfreuen. Einige Vertreter dieser einzigartigen Spezies kann man auf der Wiesn sogar frei laufend erspähen, allerdings zählen sie nicht zu den Schlachttieren und werden daher auf der Wiesn nicht zum Verzehr angeboten. Dennoch ist das Angebot an fleischlicher Kost vielfältig. Es gibt Braten vom Rind, vom Kalb und von der Sau, Hendl, Enten, Fisch, dazu Knödl, Kraut, Kartoffel, Gmias, Kaiserschmarrn, Bayerische Creme und vieles mehr.

Wie ist das Essen auf der Wiesn? Schwer zu sagen. Am besten sauguad. Wenn nicht, dann ist es saumäßig, sauschlecht oder zum Saufuadan. Letzteres sowieso. Zum Saufuadan? – So sagt man in Bayern, wenn etwas in großen Mengen, sozusagen im Überfluss vorhanden ist. Und anders kann man die gigantische Masse an Speisen, die auf der Wiesn angeboten werden, nicht nennen.

Hendl gibt es genauso zum Saufuadan wie Steckerlfisch und Schweinsbraten, Schweinshaxen und Schweinsbratwürstl.

Bevor wir aber zu den kulinarischen Wiesnspezialitäten kommen, müssen wir ein paar sprachliche Besonderheiten aufklären, damit Sie auf der Wiesn nicht saublöd dastehen und am Ende das Falsche bestellen, wenn Sie einen Sauhunger haben. Also, Sie haben sicher schon bemerkt: Es gibt in der bayerischen Sprache eine Vielzahl von Wörtern, die mit Sau gebildet werden. Der präfixoide Gebrauch des Lexems »Sau« ist im semantischen Raum Bayerns das Normale. Vielfach gebraucht sind: Sauarbeit, Saumagen, Saukälte, Saumadl, Sauwetter, Saukopf, um nur die wichtigsten zu nennen.

Unbedingt hervorheben müssen wir den Saupreißen, den in Bayern jedes Kind kennt. Der Saupreiß treibt sich auch auf der Wiesn rum und freut sich, wenn er als solcher erkannt wird. Wie wichtig das Präfix »Sau« in Bayern ist, merkt man daran, dass »keine Sau niemals nicht« von einem Hendlpreißen sprechen würde. Auch die Koppelung Hendlwetter ist völlig undenkbar.

Politiker werden in Bayern vorzugsweise als »varreckte Sauhund« bezeichnet, wenn man ihre Leistungen angemessen würdigen möchte. Das bayerische Kabinett wird insgesamt gern als »varreckte Saubande« betitelt. Auch damit bringt der Bayer Hochachtung gegenüber seiner Regierung zum Ausdruck. Der semantische Hof, der mit der »Sau« betreten wird, lässt häufig ambivalente Bedeutungen zu. Bei jeder beleidigenden Äußerung wird im Subtext immer auch Anerkennung und Lob hörbar.

»Saufratzen« nennt der Bayer liebevoll den kindlichen Nachwuchs, der zu erzieherischen Zwecken eine

»sau-berne Fotzn« kriegt, wenn dem »Saubuam« anders nicht Herr zu werden ist. Hie und da steht der Bayer einer »saubernen Drecksau« gegenüber, die er einerseits bewundert, andererseits verabscheut. Manchmal entpuppt sich ein »sauberes Dirndl« als »sauberne Saumatz«. Solche Erkenntnisse lassen sich mit einem Saurausch relativ leicht ertragen.

Wird *sau* pejorativ einem Adjektiv hinzugefügt, so kommt damit immer eine Steigerung zum Ausdruck. Dies kann im positiv aufwertenden Sinn geschehen, aber auch im negativ abwertenden. Eine Suppe kann saukalt sein, aber auch sauheiß. Und obendrein kann sie auch noch sauteuer sein oder, was auf der Wiesn eher nicht der Fall ist, saubillig.

Auch Substantive können mit der *Sau* gekoppelt werden. So kann beispielsweise einer einen Saurausch haben, dem ein »sausakrischer Saudurscht« vorausgegangen ist.

Es gibt allerdings einige Wortverbindungen mit dem Lexem »Sau«, deren etymologische Herkunft unklar ist. So tappen die Sprachwissenschaftler bis heute im Dunkeln bei der Frage, wie die Sau in die arabische Welt eindringen konnte. Das Wort *Sau*di-Arabien stellt die Sprachforscher vor ein Rätsel. Man weiß bisher nur, dass das Wort »Sau« ursprünglich aus dem Griechischen stammt. Der gebildete Grieche sprach von der *sys* und meinte damit unsere heutige Sau. Das Hausschwein hatte in der griechischen Antike eine ähnlich zentrale Bedeutung wie im heutigen Bayern. Das ist eigentlich nur logisch, denn Griechenland wurde lange von bayerischer Hand regiert. Bei der Seeschlacht von Salamis sollen bayerische Matrosen aufseiten der Griechen gekämpft haben. Historisch nachgewiesen ist es nicht, aber die griechisch-bayerischen Verbindungen und Gemeinsamkeiten sind offensichtlich. Es gibt sogar Theorien, die Sokrates für einen ausgewanderten Schweinezüchter aus Niederbayern halten. Das ist aber in unserem Kontext unbedeutend. Wichtiger ist, dass die Griechen viel mit dem Schiff unterwegs waren. Wir können daher annehmen, dass sie auch an den Küsten der arabischen Halbinsel vor Anker gingen und auf diesem Wege die Sau den Arabern überließen.

Bei dem Wort »Sauna« fanden die Forscher bisher nicht den geringsten etymologischen Hinweis. Bei der »Posaune« ist es dasselbe. Es gibt also für Linguisten noch viel zu erforschen. Diese Überlegungen sind zweifellos interessant, aber irgendwie auch saublöd.

Also, Sie merken schon, der niveauvolle Gebrauch der Sau setzt sprachliches Feingefühl voraus, über das nicht »jede dumme Sau« verfügt. Ein seltsames Phänomen tritt hier offen zutage. Obwohl es sehr viele andere schmackhafte Tiere gibt, Ochsen, Kühe, Bummerl, Böcke, Hirschen, die man heranziehen könnte, um treffende Bemerkungen vorzunehmen, wählt man immer wieder die Sau.

Die Vorliebe für die Sau hat in Bayern Tradition und belegt eindrucksvoll, dass die bayerische Kultur auf die bäuerliche Landwirtschaft zurückgeht. Die Sau nährte zu allen Zeiten die Menschen in Bayern, weil sie leicht zu halten war, schnell heranwuchs und gutes Fleisch lieferte. Die Familien waren groß, es gab nicht selten zwölf Kinder auf einem Hof, die alle ernährt werden wollten. Unter der Woche gab es vor allem Mehlsuppen mit Brot und Getreide. Einmal die Woche gab es einen Braten. Einen Ochsen zu schlachten war nicht angebracht, da man die Tiere zur Feldarbeit nutzte und ein Ochs für einen Sonntagsbraten dann doch etwas zu üppig gewesen wäre. Kühe wurden zur Milchwirtschaft eingesetzt. Eine mittlere Sau hingegen war für zwölf Personen als Braten durchaus angebracht, schnell geschlachtet, portioniert und leicht weiterzuverarbeiten zu einem Pressack, einer Knöcherlsulz oder einer Blunzn. Leckerbissen, die alle auch auf der Wiesn zu haben sind. Die Sau war das handliche Tier zur feiertäglichen Fleischgewinnung.

Darum erfreut sich das bayerische Nationalgericht, der Schweinsbraten, auch heute noch großer Beliebtheit. Aber Vorsicht, gell, es gibt große Unterschiede. Nicht alles, was von der Sau gegart, gegrillt oder gekocht wird, darf sich Schweinsbraten nennen. In seltenen Fällen kann eine Sau auch einmal »unter aller Sau« sein.

Ein Schulterstück, ein Wammerl, wie man den gebratenen Bauchspeck auch nennt, und das Halsgrat gehören zu den klassischen Stücken vom Schwein, die als Schweinsbraten auf den Teller kommen. Das beliebte Krusterl befindet sich immer auf dem Schulterstück. Es entsteht, wenn dem Fett bei großer Hitze Flüssigkeit entzogen wird und die Schwarte knusprig und resch wird.

Der Schweinsbraten wird normalerweise mit einem Semmelknödel, alternativ auch einem Kartoffel- beziehungsweise Reiberknödel serviert. Dazu kann man einen lauwarmen Krautsalat bestellen, der mit einigen gerösteten Speckwürfeln angerichtet wird. Daneben ist auch ein gemischter Salat üblich. Mit ein bisschen Glück hat er bereits jegliche Struktur verloren, weil ihm Essig und Öl seit Stunden übel zugesetzt haben. Der Kenner weiß dieses Salatarrangement zu schätzen und kommentiert diese Kreation nicht selten mit der typisch bayerischen Bemerkung: »Saugreislich!« Auf diese Weise formuliert der Bayer ein endgültiges Qualitätsurteil. Weder eine Fischsemmel noch ein Hendl und schon gar nicht ein Salat enthalten schweinische Zutaten, und doch können sie saugreislich schmecken. Ja, sogar ein Kaiserschmarrn oder die Zuckerwatte können schmecken, dass »der Sau graust«.

All diese Kommentare verweisen auf die besondere Stellung der Sau im gesamten bayerischen Kulturbereich. Bayerisches Denken und Fühlen umkreist immer wieder die Sau, weil dieses Haustier die zentrale Ernährungseinheit darstellt, an der sich alles andere messen lassen muss.

Die Sau gilt in Bayern als universale Maßeinheit, die in vielen Zusammenhängen zur Beurteilung von bayerischem Seinsgeschehen herangezogen wird. So werden beispielsweise Verhaltensweisen im Straßenverkehr in Sau gemessen. Ist einer mit hoher Geschwindigkeit unterwegs und legt dabei eine rücksichtslose Fahrweise an den Tag, so sagt man in Bayern, der fährt »wie die gesengte Sau«. Ich kann aber nicht bestätigen, dass in Bayern Schweine hinter dem Steuer sitzen.

Komisch kommt es manchen vor, dass sie auch als Maßstab für den Intelligenzquotienten herhalten muss. Immer wieder hört man, dass jemand blöd sei »wie die Sau«. Ebenso oft kann man auch hören, dass jemand saugescheit sei. Die Sau dient allen Extremen. Ich habe schon gehört, dass Leute »saukomisch« waren, »sautragisch«, »ernst wie die Sau« beziehungsweise »sauernst«. Die Sau ist adjektivisch ein Allrounder und umfassend einsetzbar. Manchmal ist jemand auch bierernst, aber dann ist es wiederum saukomisch.

Ebenso werden Mengen in »Sau« angegeben. Wenn etwas in großem Überfluss vorhanden ist, so spricht man von einem Zustand, der »zum Saufuadan« ist. So kann ein Überangebot an Rechtsanwälten zum Saufuadan sein. (»Juristen gibt's zum Saufuadan!«) Selbstverständlich käme niemand in Bayern auf die Idee, Juristen den Schweinen zum Fraß vorzuwerfen.

Umgekehrt ist das natürlich schon möglich. Die Schweine werden dem Endverbraucher, also uns, im Speziellen dem Wiesnbesucher, zum Fraß vorgeworfen, und in dem Fall ist es ideal, wenn man von einem Sauhunger geplagt wird oder »hungrig wia d' Sau« die Speisekarte studieren kann.

Am besten ist es, wenn man einen gescheiten Hunger mitbringt auf die Wiesn, weil z' essen gibt es reichlich. Die Portionen kommen grundsätzlich in der XXL-Größe auf den Teller. Es ist ja auch sonst alles riesig auf der Wiesn, und so darf es nicht verwundern, dass auch die Essensportionen in ungeheuren Ausmaßen daherkommen. Es entsteht unweigerlich der Eindruck, dass zu viel da ist, das einfach weg muss, weil es sonst schlecht werden würde und infolgedessen ein weiterer Gammelfleischskandal ins Haus stünde. Und deshalb ist jeder verpflichtet, sich mit dem Zuviel verantwortungsvoll auseinanderzusetzen.

Immer wieder hört man Gäste stöhnen: »Ich kann nicht mehr, mir ist das zu viel! Magst du vielleicht noch was?« Nein, jeder muss mit seinem Teller selber zurechtkommen. Ohne einen gescheiten Hunger ist man vor solchen Portionen der Verzweiflung nahe.

Was versteht man unter einem »gescheiten« Hunger? Im Gegensatz zu einem blöden Hunger, den es auch geben soll. Der blöde Hunger wird als lästig empfunden und tritt eigentlich nur in Fastenzeiten auf, und dann auch nur bei Menschen, die sich den christlichen

Fastenregeln unterwerfen. Diese Gruppe von religiös motivierten Fastern ist insgesamt rückläufig, obwohl wir uns in Bayern in einem nach wie vor überwiegend christlichen, wenn nicht sogar katholischen Kulturraum bewegen. Gesicherte Daten, die das Phänomen erhellen könnten, liegen uns darüber derzeit nicht vor, eine gewisse kognitive Dissonanz in Fastenangelegenheiten ist aber bei Christen offensichtlich.

Die immer weiter anwachsende Zahl von Moslems in Bayern scheint, was die religiösen Fastenriten angeht, konsequenter zu handeln. Der Ramadan wird auch von bayerischen Muslimen eingehalten, aber nicht auf der Wiesn, was nur logisch ist, weil Muslime die Wiesn als solche nur schwer mit ihrem Glauben in Einklang bringen können. Selbst wenn sie grade nicht fasten sollten, werden sie die meisten gastronomischen Angebote ausschlagen müssen. Alkohol ist ihnen sowieso verboten, und die besonderen Gaumenfreuden eines bayerischen Schweinsbratens werden sie aus dem gleichen Grund nie empfinden können. Soweit uns bekannt ist, spielt die Sau auf der muslimischen Speisekarte eher eine untergeordnete Rolle. Er kann sich selbstverständlich an Zuckerwatte und türkischem Honig satt essen, aber dieses Essverhalten ist nur etwas für Spezialisten. Wir wollen bestimmt niemanden von der Wiesn fernhalten, denn wenn einer die Sau ablehnt, kann er jede Menge Hendln und Enten, Ochsen- und Kalbsbraten ordern, aber ob Hammelbraten, Lamm- und Ziegenfleisch angeboten werden, weiß ich nicht. Ob es auf der Wiesn Döner gibt? – Keine Ahnung! Zu den typischen Wiesnschmankerln ist er aber nicht zu rechnen. Der Döner befindet sich in Bayern auf einem guten Weg, keine Frage, aber sein Dasein ist kein Zuckerschlecken. Er sieht sich einer harten Konkurrenz gegenüber und muss sich im Finger-food-Segment gegen Fisch-, Lachs- und Leberkässem-meln behaupten. Das ist ein hartes Brot, aber so ist das nun mal auf der Wiesn.

Sei es, wie es ist. Der Döner bereichert das Angebot, und wenn er auf der Wiesn in Übergröße angeboten wird, hat er eine Chance. Aber Voraussetzung ist immer ein gescheiter Hunger. Der gescheite Hunger entspricht den angebotenen Portionen, und wenn's dann auch noch saugut schmeckt, dann fühlt sich der Bayer sauwohl.

Diridari und Buiva

An Diridari brauchst scho, wenn's d' auf d' Wiesn gehst!«
Dabei schaut dich der dialektfeste Bayer mit gespieltem
Mitleid an und reibt Zeigefinger und Daumen gegen-
einander. Er vollführt eine Geste, die nicht nur hierzu-
lande als eindeutiges Zeichen für Geld steht. Diridari ist
also ein bayerischer Fachausdruck für Geld, der allerdings
kaum noch in Gebrauch ist. »Hast a Buiva?« (Pulver),
fragt der Bayer, wenn er wissen will, ob einer zahlungs-
fähig ist. Zahlungsfähigkeit ist auf der Wiesn eine absolute Voraussetzung, um an dem festlichen Treiben aus-
giebig teilnehmen zu können. Umsonst ist nichts auf der
Wiesn, wenn man von der allgemeinen Stimmung einmal absieht, die auf dem Festplatz spürbar ist.

Möglichweise hat man Sie gewarnt. Ein Experte hat
vielleicht gegrantelt: »Mei, die Wiesn, i geh nimmer
naus, sie ist nicht mehr das, was sie einmal war. Es geht
nur noch ums Geld und sonst um gar nichts!« Das kann
schon sein, dass man versucht hat, Sie mit solchen Sät-

zen von einem Besuch abzuschrecken. Ein bisserl was ist dran an solchen Meinungen. Aber ich kann Sie beruhigen, selbst wenn es nur ums Geld gehen sollte, was meistens der Fall ist, – wenn Sie einmal auf der Wiesn angekommen sind, stellt sich diese Frage nur, sofern Sie kein Geld dabeihaben. Ohne Geld sollten Sie freilich besser daheimbleiben. Und Sie sollten immer bedenken, dass die Wiesn halt etwas Besonderes ist und deshalb auch ihren besonderen Preis hat.

Damit keine Missverständnisse aufkommen: Jeder darf auf die Wiesn, auch wenn er keinen Cent in der Tasche hat. Aber ohne Diridari muss er halt oft draußen bleiben. Draußen kann es auch ganz lustig zugehen. Beim Vogel-Jakob zum Beispiel. Bei ihm sollten Sie unbedingt vorbeischauen. Sein kleines Standl befindet sich unter der Bavaria gegenüber der Schützen-Festhalle. Es sieht aus wie ein Kasperltheater, und der Vogel-Jakob ist ja auch ein Kasperl, ein ganz besonderer obendrein, für Erwachsene und Kinder gleichermaßen. Mit seinem kleinen Vogelpfeiferl imitiert er Enten, Meisen, Rotkehlchen, Amsel, Drossel, Fink und Star – wie er's genau macht, muss jeder selber herausfinden. Dumme Sprüch' hat er jede Menge parat, er redet die Leute schwach an, macht sich lustig über ihr Äußeres und ruft Heiterkeit auf Kosten seiner Opfer hervor. Doch bei aller Bosheit bleibt er doch charmant. Wenn ihm die Worte ausgehen, erzeugt er mit seinem Pfeiferl so gekonntes Gezwitscher, dass die Spatzen von der Wiesn irritiert überlegen, welcher komische Vogel ihnen da hinterherpfeift. Ihm zuzuhören kostet nur ein paar Minuten Zeit. Aber die Musi spielt nun mal drin. Und die wird vom Wirt bezahlt, aber er reicht seine Kosten an den Endverbraucher weiter. Das ist heutzutage so üblich, nicht nur auf der Wiesn. Überall werden »Kosten weitergereicht«. Das Kostenweiterreichen ist sehr beliebt in der Wirtschaft. Und da kann schon was zusammenkommen an Kosten für Strom und Wasser, für Platzmiete und »Sonstiges«. Grundabgaben und Steuern kommen ja noch obendrauf. Wirte sind nicht zu beneiden. Sie haben eine große Verantwortung und müssen auch leben. Sagen sie. »Umsonst ist nichts. Nur der Tod, und der kostet das Leben!« Wie mancher der Wirte sagt, wenn er meint, er müsste besonders gescheit daherreden.

Also nehmen Sie genügend Geld mit auf das Oktoberfest. Sie können auch mit Kreditkarte bezahlen oder an den eigens auf der Wiesn dafür eingerichteten Automaten Geld ziehen. Aber aufpassen muss man schon, weil es im Getümmel auch Taschendiebe geben soll. Die Polizei erteilt jedes Jahr Warnhinweise, und man sollte sie beherzigen.

Am schönsten ist die Wiesn, wenn Sie eingeladen werden von einem lieben Menschen, der alles für Sie bezahlt.

Am liebsten ist es auch dem Bayern, wenn er freigehalten wird. Das gibt es auf dem Oktoberfest relativ häufig, drum brauchen viele gar kein Geld mitnehmen, weil sie eingeladen werden. Von ihren Chefs, ganz persönlich, die es sich nicht nehmen lassen, mit ihren Mitarbeitern auf das Oktoberfest zu gehen. Der gemeinsame Wiesnbesuch gehört in vielen Firmen einfach dazu. In den Bierzelten werden Boxen reserviert, strikt abgegrenzte Gemütlichkeitsreviere, in denen die Geladenen auf Kosten der Firma »bayerische Schmankerl« vertilgen. Riesenportionen werden aufgetragen, die kein normaler Mensch aufessen kann. Die Tische sind überladen mit Speisen und Maßkrügen, »weil es wurscht ist« und die Rechnung an die Firma geht, die wiederum den Betrag von der Steuer absetzt als Arbeitsessen oder als Werbungskosten. Geworben wird vor allem und nicht zuletzt um Verständnis dafür, dass solche Aufwendungen steuerlich wirksam werden. Auf diese Weise hat auch die breite Masse der Bevölkerung, die selbst vielleicht nicht genug Geld hat, um auf die Wiesn zu gehen, an dem besonderen Erlebnis ihren Anteil. Also ausgeschlossen wird von dem Wiesnerlebnis niemand. Freilich wird jedes Jahr über die steigenden Preise gejammert. Es wird immer alles teurer, und manch einer flucht sakrisch über die »Halsabschneider und Lumpen, die den Kragen nicht vollkriegen können«. Das kann Ihnen wurscht sein, Sie sind ja eingeladen.

Aber so, wie es ausschaut, müssen Sie auf die Wiesn gehen, weil sie in die Pflicht genommen wurden. Vielleicht hat man Sie zwangsweise verpflichtet, Sie müssen mit Geschäftspartnern in einer Box den Abend verbringen. So was kommt vor. Das Schicksal kennt keinen Spaß, es schlägt gnadenlos ohne Ansehen der Person zu. Mein Gott, das gibt es im Leben öfter, dass man muss, obwohl man nicht mag. Das kann Ihnen überall passieren. Nicht nur auf der Wiesn, sondern auch auf dem Finanzamt. Nur dort ist die Stimmung bestimmt nicht so ausgelassen wie in einem Bierzelt. Sicherlich wird dort weniger getrunken, aber Geld spielt dort auch eine herausragende Rolle. Und unseren Wiesngrantler habe ich auch noch nicht sagen gehört, dass er aufs Finanzamt nimmer nausgeht, weil es auch nicht mehr das ist, was es früher einmal war, weil dort geht es ja nur noch ums Geld. Bestimmt geht auch das Finanzamt auf die Wiesn, wenn wir das einmal so salopp ausdrücken dürfen. Der Fiskus hockt eh immer dabei, wenn Geschäftsleute aufs Oktoberfest gehen, die diese Ausflüge von der Steuer absetzen.

Und es ist ja auch in Ordnung. Gemütliches Beisammensein in lockerer Atmosphäre führt oft zu neuen Geschäftsabschlüssen. Man redet sich einfach leichter. Man lernt seine Partner näher kennen, plaudert auch mal über Privates, kommt vielleicht hinter ein Geheimnis, ertappt den anderen in einer angenehm eindeutigen Situation, und man hat plötzlich etwas in der Hand, was man »beziehungsfördernd« ins Spiel bringen kann, wenn es nicht anders geht. Wissen ist immer von Vorteil! Und je mehr man voneinander weiß, desto größer muss das Vertrauen sein. Vielleicht hat die Wiesngabi solche Vorgänge gemeint, als sie von der »vertrauensfördernden« Wirkung des Oktoberfestes gesprochen hat. Man trifft sich immer wieder in dieser Gesellschaft, in der Werte noch eine Rolle spielen.

Spezlwirtschaft

Der für alle Lebensbereiche maßgebliche Wert in Bayern findet im Gedanken der Spezlwirtschaft seinen stärksten Ausdruck. Spezlwirtschaft, werden Sie fragen, was ist denn das für ein komischer Mythos? Sollten Sie davon tatsächlich noch nichts gehört haben? Also, hierbei handelt es sich um keinen Mythos, sondern um die reine Wahrheit. Im angelsächsischen Raum gebraucht man für ein vergleichbares Verhalten den Ausdruck *networking*. Gelegentlich wird das Phänomen im Rheinland als »Kölscher Klüngel« bezeichnet. Egal, wie man die Sache schließlich benennt, immer handelt es sich um ähnliche grundlegende gesellschaftliche Strukturen, die ein enges Geflecht von Subjekten bedingen, die sich helfend zugetan sind. In bürgerlichen Gesellschaften herrscht ein System allseitiger Abhängigkeit. Wieder drängt sich der Verdacht auf, dass der Hegel Schorsch, wie wir ihn inzwischen liebevoll nennen, seine rechtsphilosophischen Überlegungen niedergeschrieben hat, nachdem er in

Bayern gewisse Erfahrungen dazu gesammelt hatte. Der Hegel Schorsch liefert nämlich in seinem Werk eine sehr genau Analyse der bayerischen Spezlwirtschaft, die wir als die Phänomenologie des Spezls wiedererkennen.

Hegel Schorsch wörtlich: »Die untergeordnete Stellung des Subjekts in der bürgerlichen Gesellschaft und der ihr zugeordneten Staatsform zeigt sich darin, dass das einzelne Subjekt nur einen ganz bestimmten Anteil am Ganzen erhält, dass die gesellschaftlich-politische Tätigkeit wie in der bürgerlichen Gesellschaft die Tätigkeit für Handel und Gewerbe … aufs Allermannigfaltigste geteilt ist. In der bürgerlichen Gesellschaft herrscht ein System allseitiger Abhängigkeit. In ihr und ihrem Modell von freier Marktwirtschaft ist jeder sich Zweck, alles andere ist ihm nichts.«

Die Gesellschaft zwingt den Menschen, sich zu *verzwecken, damit er vorwärtskommt*. Die individuelle *Verzweckung wird erreicht durch* Beziehungen zu anderen, sich ebenfalls selbst verzweckenden Individuen. »Die Einzelnen nutzen sich daher gegenseitig als Mittel zum Zweck und dadurch entsteht eine Form von Allgemeinheit«, sagt der bayerische Philosoph Josef Früchtl in *Das unverschämte Ich*. Wir können sagen: *Everybody is the user of everybody.* Jeder Einzelne befriedigt sich, indem er zugleich das Wohl beziehungsweise den Zweck des anderen befriedigt. Also: Jeder befriedigt jeden! Das ist der Zweck der bürgerlichen Gesellschaft. Profan ausgedrückt: Eine Hand wäscht die andere. Ich helfe dir, hilfst du mir! Altruismus als Selbstzweck! Vorwärts kommen wir nur miteinander, sagt der Spezl zum Amigo. Wir müssen nicht befreundet sein, es reicht, wenn du mein Spezl bist.

Die Besonderheit der bayerischen Spezlwirtschaft besteht in einer katholisch geprägten, extremen Form der Nächstenliebe. Auf einen Punkt gebracht bedeutet das: Es gibt immer einen, der helfen kann in der Not. Not herrscht immer. Sie ist kennzeichnend für das bayerische Dasein. Ob nun Not am Mann ist oder Not an Plätzen auf der Wiesn. Irgendeine Not herrscht immer. Und ein Nothelfer ist immer in der Nähe. Voraussetzung ist allerdings, dass man ihn kennt oder einen kennt, der einen kennt. Einer hilft dem anderen, aber nur, wenn er ihn kennt. Da aber jeder einen kennt, der wiederum einen kennt, gibt es praktisch keinen, der keinen kennt. So hilft immer einer dem anderen. Sie treffen also auch auf der Wiesn immer einen, der einen kennt. Das ist wahr und darum kein Mythos.

Ein Sonderfall tritt ein, falls die Sache »gerichtsmassig« und kein Nothelfer in der Nähe ist beziehungsweise man sich selbst helfen muss. In dem Fall kennt keiner einen. Dann ist sich jeder selbst der Nächste. Die allgemeine Verzweckung hört auf, wenn einer allein gelassen werden muss.

Der Rechtsstaat sollte von seiner Konzeption her ein autonomer Bereich sein, in dem nur Recht und Gesetz gelten. Nach einer allgemein weitverbreiteten Idealvorstellung sollen vor dem Gesetz alle gleich sein. Dieses rechtsstaatliche Ideal trifft in der Wirklichkeit die sich nach zweckdienlicher Befriedigung sehnenden Individuen. Dabei handelt es sich um Subjekte, die den Rechtsstaat nur soweit akzeptieren, wie er ihren individuellen Zwecken dient. Das liegt in der objektiven Natur der subjektiven Sache. Kann hier keine Übereinstimmung hergestellt werden – was meistens der Fall ist –, so versucht das zweckgesteuerte Subjekt den Rechtsstaat für seine individuellen Zwecke zu nutzen. Der bayerische Spezl glaubt an die individuelle Nutzung des Staates. Der bayerische Staat, vertreten durch die Staatspartei (CSU), wiederum glaubt, dass alle individuellen Zwecke staatlich in einem Gemeinwohl zu bündeln sind. Der bayerische Staat will es allen individuell recht machen.

Auf geht's

Am ersten Wiesnsonntag können Sie die Buntheit und Vielzahl der verschiedenen bayerischen Trachten beim traditionellen Trachten- und Schützenzug bewundern. Der Zug startet um zehn Uhr. Die Aufstellung findet im Münchner Stadtteil Haidhausen in der Einsteinstraße statt. Von dort marschieren unter den Klängen schneidig gespielter Märsche die Abteilungen der Trachten- und Schützengruppen durch die Innenstadt zur Theresienwiese hinaus. Falls Sie Interesse haben, selber mitzugehen, so müssten Sie in einem Trachtenverein anfragen, ob man Sie aufnimmt. Normalerweise steht dem nichts entgegen. Einzige Bedingung ist, dass Sie sich bedingungslos zur bayerischen Sache bekennen. Was darunter zu verstehen ist, wird man Ihnen schon beibringen. Und wenn Sie sich gut einleben, wovon wir überzeugt sind, wird es irgendwann klappen mit einer Teilnahme beim Oktoberfest-Trachten- und Schützenumzug. Bis es so weit ist, können Sie schon mal als Zuschauer am

Straßenrand stehen und den über 8000 Teilnehmern des Zuges zujubeln.

Das wichtigste Ereignis für jeden Wiesnfreund allerdings ist der Einzug der Wiesnwirte, auf den alle warten. Denn damit startet das Oktoberfest am ersten Wiesnsamstag in die heiße Phase. Vor allem die Wiesnwirte fiebern dieser Kutschenfahrt ungeduldig entgegen. Es handelt sich bei diesem Einzug um so etwas wie das letzte Warming-up für den großen Rausch, der etwa eine Stunde später um Punkt zwölf Uhr mit dem O'zapft-is-Ritual im Schottenhamel-Festzelt beginnt. Das bayerische Fernsehen überträgt dieses wichtige Ereignis live. Für Peter Pongratz, den Wirt des Winzerer-Fähndl-Zeltes, ist der Wiesnwirteeinzug »ein faszinierendes Erlebnis«. In einem Interview anlässlich seiner Inthronisation als Wiesnwirt hat man ihn gefragt, worauf er sich am meisten freue auf der Wiesn: »Jeder jubelt einem zu und freut sich, dass das Oktoberfest endlich wieder anfängt.« Er freut sich also auf die Freude. Und das ist ja auch etwas sehr Schönes, wenn man sich an der Freude seiner Mitmenschen erfreuen kann. Noch dazu, wo sehr viele bei ihm im Zelt essen und trinken. Aber für dieses »faszinierende Erlebnis« musste der Peter Pongratz hart arbeiten. Er hat Glück gehabt und von seinen Vorgängern im Winzerer Fähndl eine Lehrstunde bekommen. Sie haben ihm beigebracht »wie man den Leuten von der Kutsche aus zuwinkt, welche Handbewegung muss ich machen, wie begrüße ich die Gäste«.

Offenbar kann man viel falsch machen als Wirt auf der Wiesn und auch schon vorher beim Einzug der Wiesnwirte. Wer hätte gedacht, dass man beim Winken aus der Kutsche Fehler machen kann? Ob irgendwo in Bayern für unerfahrene Wirte Winkkurse angeboten werden, weiß ich nicht. Der Pongratz Peter hat Glück gehabt, dass er jemanden gehabt hat, der ihn in die Geheimnisse des Winkens und Grüßens eingeweiht hat. Und wie man sehen kann, hat er alles brav gelernt und winkt und grüßt inzwischen wie ein alter Wiesnwirteprofi, als hätte er in seinem Leben nie etwas anderes gemacht.

Sie sollten sich diese Parade nicht entgehen lassen. Schauen Sie zu, wie die Wirte ihre Gefährte besteigen, registrieren Sie die Freude auf die bevorstehenden Umsätze, die ihnen schon ins Gesicht geschrieben steht. Man munkelt, dass ein Wiesnwirt auf dem Oktoberfest »eine Million rein macht«. Ob es stimmt, weiß ich nicht. Es lässt sich keiner in die Karten schauen. Alle jammern immer nur, dass jedes Jahr alles teurer wird. Dass die Kosten sie auffressen, die Löhne, die Pachten, die Rohstoffe, und sie deshalb hart kalkulieren müssen. Man hat das Gefühl, dass sie ganz arm dran sind. Sie schauen darum auch alle ganz arm drein. Bis auf den Pongratz Peter, der immer glücklich dreinschaut. Für ihn ist es »ein erregendes Gefühl«, Wirt auf der Wiesn zu sein. Und weil er so ehrlich und so schön spricht, muss man ihn einfach zitieren: »Die Wiesn ist der Olymp! Das ist für einen Wirt wie den Nobelpreis zu bekommen. Ich glaube, ein Zelt auf der Wiesn zu bekommen ist Ziel sämtlicher Wirte. Man ist für so viele Leute da, versorgt pro Tag eine ganze Stadt mit Essen und Getränken. Das ist Wahnsinn!«

Aber vor dem Wahnsinn kommt der Einzug der Wirte in den Wahnsinn. Der Zug setzt sich von der östlichen Sonnenstraße aus in Bewegung, um auf der Theresienwiese sein Ziel zu finden. Es gibt einiges zu sehen. Versprochen werden »blumengeschmückte Kutschen«, in denen die Festwirte mit ihren Familien sich dem Jubel der Massen stellen, »herausgeputzte Festwagen mit Maßkrüge schwenkenden Kellnerinnen, die Musikkapellen der Festzelte und die prunkvollen Prachtgespanne der Münchner Brauereien mit von Girlanden umkränzten Bierfässern, von edlen Rössern gezogen«.

In diesem fröhlichen Umzug, den man auch als Triumphzug der Gemütlichkeit auffassen könnte, freilich für einen Kampf, der erst noch gewonnen werden will, fahren aber nicht nur die Wirte zur Wiesn, sondern auch Schausteller und die Kellnerinnen und Kellner, die 16 Tage lang viele gefüllte Maßkrüge zu den Durstigen schleppen. Wir alle, die wir uns von diesen kräftigen Damen und Herren bedienen lassen, sollten daran denken, welches Gewicht sie oft durch die Menschenmassen tragen. Ein leerer Maßkrug wiegt 1,3 Kilogramm. Ein gefüllter 2,3 Kilo. Es kann sich jeder selber ausrechnen, wie schwer die Last ist, die eine Bedienung mit ihren zwei Händen und Armen an die Tische bringt. Manche lassen sich zehn Maß Bier aufladen. Respekt!

An der Spitze des Trecks reitet ein ortskundiger Scout, einem Mönch nicht unähnlich, der den Weg durch die Stadt zur Festwiese zu kennen scheint. Bei genauerer Betrachtung stellt sich aber heraus, dass es sich um eine schöne Frau in einer Mönchskutte handelt. Eine Frau als Mönch? Was ist das für eine Travestie? Waren jene Mönche, auf die der Name München zurückgeht, am Ende alle weiblichen Geschlechts? Ganz und gar nicht. Man nannte die frühe Siedlung, aus der sich die Weltstadt mit Herz entwickelte, schlicht *apud munichen*. Übersetzt heißt das »bei den Mönchen«. Selbstverständlich waren das alles gestandene Mönche maskulinen Geschlechts, die in ihrem Kloster ein gottgefälliges Leben führten, das sie vor allem mit Beten und Arbeiten ausfüllten. Beide Tätigkeiten sind anstrengend und entziehen dem Körper Energie und rufen oft einen großen Durst hervor, der gelöscht werden will. Ein großer Teil der Arbeit erschöpfte sich deshalb bei den Münchner Mönchen im Bierbrauen. Auf alten Bildern und Stichen zeigten die Künstler die Mönche oft im Sudhaus beim Biersieden. Seitdem gehören Bier und München untrennbar zusammen.

Auf diesen Ursprung verweist der Mönch im Münchner Stadtwappen. Diese Mönchsfigur nennt man das Münchner Kindl. Anfangs wurde der Mönch im Münchner Wappen als Knabe dargestellt. Aber die Künstler haben ihre eigenen Vorstellungen von dem Wappen umgesetzt, und mit der Zeit wurde aus dem Knaben ein Madl, und auf einmal war es ein Kindl. Der Mönch hat eine Metamorphose mitgemacht vom Mann zum Kind. Was gar nicht so selten vorkommt.

Eine Anspielung auf pädophile Neigungen der Münchner Mönche ist abwegig und im Münchner Kindl nicht beabsichtigt. Zweimal im Jahr entsteigt das Kindl dem Wappen und wird in Person einer schönen Münchnerin lebendig. Das Münchner Kindl sitzt auf einem Ross und reitet an der Spitze des Wiesnwirtezugs und sitzt beim Anstechen sozusagen als schöne Bierfee auf einem Hirschen neben dem Hirschen, den der OB anzapft.

O'zapft is!

Jeder weiß, dass es sich bei einem Hirschen um das männliche Pendant zur Hirschkuh handelt. Durch lautes Röhren macht er die Hirschdame auf sich aufmerksam und teilt ihr auf diese Weise mit, dass er paarungsbereit wäre. Der Hirsch wirkt besonders majestätisch und reizend auf die Hirschkuh, wenn ein großes Geweih seinen Kopf ziert. Es gibt zwar auch auf dem Oktoberfest einige Hirsche auf zwei Beinen, die ihre Brunft nur schwer kontrollieren können, aber mit denen hat das beliebte Ritual, bei dem ein *Hirsch* angezapft wird, wenig zu tun.

Am ersten Wiesnsamstag beten manche Gläubige den Psalm 42. »Wie der Hirsch lechzt nach frischem Wasser, so lechzt meine Seele, Gott, nach dir. Meine Seele dürstet nach Gott, nach dem lebendigen Gott.« Diese Gläubigen haben einen ganz anderen Durst als die Durstigen auf der Wiesn. Und auch sie haben nicht viel im Sinn mit jenem *Hirschen*, in den der Münchner Oberbürgermeister den Wechsel treibt, um nach vollendeter Tat zu rufen: »O'zapft is!«

Die Lechzenden aber sind zahlreich, und sie warten sehnsüchtig auf diesen Ausruf, der traditionell nach dem Anzapfen des ersten *Hirschen* im Schottenhamel-Festzelt die durstige Menge erreicht, die meist mit einem kräftigen Beifall antwortet.

Beim *Hirschen* handelt es sich um ein Eichenfass, das 200 Liter Märzenbier enthält. Warum man in Brauereikreisen dieses mächtige Gefäß mit dem gleichen Namen belegte wie das stolze männliche Tier des Rotwildes, weiß kein Mensch. Denn das Fass röhrt nicht, und Geweih trägt es auch keines.

Etymologisch ist die Sache unklar. Im *Deutschen Universalwörterbuch* des Duden jedenfalls ist nur von einem meist in Wäldern lebenden, wiederkäuenden Säugetier mit glattem braunem Fell, kurzem Schwanz und einem Geweih (beim männlichen Tier) die Rede. Außerdem wird man darauf aufmerksam gemacht, dass der Hirsch auch scherzhaft in Gebrauch genommen wird, um auf einen gehörnten Ehemann hinzuweisen. Von einem Bierfass wird nichts berichtet.

Es gibt einige Erklärungsversuche, die aber alle nicht befriedigen. Angeblich gibt es auch noch *Haserl* und *Reherl*, mit denen ebenfalls bestimmte Bierfassgrößen bezeichnet werden. Ein *Hirsch* heißt so, weil ein mit Bier gefüllter *Hirsch* genauso viel wiegt wie ein ausgewachsener Hirsch im Walde. Irgendwie klingt das logisch. Andererseits könnte man fragen, warum man nicht ein anderes Tier dafür herangezogen hat? Warum nicht den Bären oder die Wildsau? – Eigentlich kann es uns auch egal sein, wichtig ist in erster Linie, dass der *Hirsch* mit Festbier gefüllt ist, denn sonst würde ein Anzapfen auf dem Oktoberfest wenig Sinn machen. Es wurde auf der Wiesn auch noch nie ein *Hirsch* angezapft, um die Luft aus dem Fass ausströmen zu lassen, sondern immer nur, um goldgelben Gerstensaft mit um zwölf Prozent erhöhter Stammwürze in Maßkrüge laufen zu lassen. Wie sich die Stammwürze zum Alkoholgehalt verhält, haben wir in einem Kapitel geklärt, das sich nur mit dem Münchner Bier beschäftigt; hier geht es ausschließlich um das Anzapfen.

Unkundige schütteln vielleicht schon den Kopf und fragen sich, aus welch grauer Vorzeit dieser Brauch wohl stammen mag und auf welchen Heiligen er zurückgeht. Denn vieles geht in Bayern auf einen Heiligen zurück. Dies jedoch nicht.

Zumindest bis jetzt nicht, denn auszuschließen ist es nicht, dass der Papst irgendwann den Begründer des Anzapfrituals heiligspricht, weil er wirklich Großes für die Menschheit geleistet hat. Der Münchner Oberbürgermeister Thomas Wimmer, den man im Volksmund liebevoll Wimmer Dammerl nannte, begründete 1950 eine Tradition, die bis heute den anzapfenden Bürgermeistern immer mal wieder schlaflose Nächte bereitet, weil es gar nicht so einfach ist, einen *Hirschen* fachgerecht anzuzapfen. Als der Wimmer Dammerl das erste Fass Bier auf der Wiesn 1950 anzapfte, brauchte er 17 Schläge, bevor er feierlich ausrufen konnte: »O'zapft is!« Diese relativ hohe Schlagzahl wurde nie wieder erreicht. Zum Vergleich: Der Rekord liegt momentan bei einem Schlag und einem Sicherheitsschlag, und gehalten wird er von Christian Ude, der inzwischen als Anzapfkönig hohes internationales Ansehen genießt. Viele rätseln, wie der Mann aus dem Rathaus das macht. Er hat zwar allerlei Talente und Fähigkeiten, die er als Oberbürgermeister einer Metropole gut gebrauchen kann, hat Jura studiert und ist auch als Journalist tätig gewesen, aber das allein kann nicht ausreichen, um ihn zu einem routinierten Anzapfer zu machen. Ob er eine bestimmte Technik einsetzt, die er übers Jahr trainiert und immer weiter verfeinert, oder ob er einfach ein natürliches Talent zum Anzapfen besitzt, darüber spekuliert man in München immer wieder, ohne wirklich eine schlüssige Erklärung für seine Zapfkünste zu finden. Es ist wohl so, dass er Tipps bekommen hat vom Schankkellner Helmut Huber, der die Wechsel auf dem Nockherberg in die Starkbierfässer schlägt. Offensichtlich hat er das Anzapfen von ihm gelernt und es darin inzwischen zur wahren Meisterschaft gebracht. Keiner zapft schöner an als er. Er hält den Wechsel rechts und schlägt ihn mit der Linken in den *Hirschen*. Er ist nämlich ein Linker.

Falls Sie Lust haben, auch einmal einen *Hirschen*, ein *Reherl* oder ein *Haserl* anzuzapfen, und nicht wissen, wie Sie dabei vorgehen sollen, die Paulaner-Brauerei bietet Anzapfseminare im »Eisbergkeller« unter dem Nockherberg an.

Sie werden dort in die Geheimnisse der Schankkunst eingeweiht und schließen das Seminar mit einem Anzapfdiplom ab. Auf der Wiesn allerdings werden Sie Ihre Kunst kaum unter Beweis stellen können. Es wird in allen Zelten ein *Hirsch* angezapft, doch ist der Kreis der möglichen Anzapfer eng begrenzt. Hie und da lässt man Prominente ans Fass. So beispielsweise zapfte 2008 im Hackerzelt die Kabarettistin Monika Gruber das erste Fass an. Wer wo den Schlegel in die Hand nimmt und nach welchen Kriterien bestimmt wird, wer losschlagen darf, ist mir nicht bekannt. Der Wichtigste von allen aber ist immer der Oberbürgermeister der Stadt München, der den ersten *Hirschen* um zwölf Uhr mittags am ersten Wiesnsamstag anzapft und die Wiesn damit offiziell eröffnet.

O'zapft is!

PIPER

Bruno Jonas
Gebrauchsanweisung für Bayern

180 Seiten. Gebunden

Wo liegt Bayern? Wer lebt dort? Franken, Schwaben,
Oberpfälzer, Allgäuer, Bayern, Zugereiste? Was hat es mit
dem Vielvölkerstaat Bayern auf sich? Wie setzt sich das
Volk der Bayern zusammen, und wer darf sich Bayer nennen? Stimmt es, daß die Lieblingsbeschäftigung der Bayern
Fingerhakeln, Schuhplatteln und – Granteln ist?
Bruno Jonas, scharfzüngiger Kabarettist und Niederbayer,
legt seine besondere Beziehung zum Land der Zwiebeltür-
me und Schweinshax'n, der glitzernden Seen und saftig-
grünen Buckelwiesen, der Barockklöster und Biergärten
dar – logisch, daß dabei Kultstars wie König Ludwig und
die Dreifaltigkeit CSU, BMW und FCB nicht fehlen
dürfen.

01/1060/01/L